ブックレット新潟大学

虹への祈り
―聖書にみるいのちのつながり―

細田 あや子

新潟日報メディアネット

も　く　じ

＊　　＊　　＊

・原則として聖書は日本聖書協会2018『聖書　聖書協会共同訳』から引用する。

・聖書引用のなかの上付きの数字は、節番号を示す。章番号は引用末に表示。

・聖書引用中の下線は著者による。

・図版キャプションについては、主題、所収作品、制作年代、制作地、現在の所蔵場所の順に記す。

‖ はじめに ‖

　中世ヨーロッパのキリスト教美術を眺めていると、イエスが十字架にはりつけにされた磔刑図が多いことに気づきます。手足の釘や茨の冠によって傷つき血を流す、十字架上の死せるイエスの姿は痛ましく、また残酷なものもあります。ところがこの一方で、その死が彼の生涯の終わりではないことをはっきり図示した作品もさまざま見受けられます。イエスの墓が空の図像や、植物などのモティーフを使って十字架上の死から生き生きとした命の豊かさがもたらされる描写があるのはなぜでしょうか。

　本書では、キリスト教に特徴的な「いのち」を考えてゆきます。

　私たち人間の一生は、誕生、成長、老化という過程をへてやがて死を迎えますが、死とは何でしょうか。生きているものが死んだら、どうなるのでしょうか。古来問い続けられてきた生と死の問題です。この問いに答えることは到底できませんが、キリスト教において死が終わりではないと考えられている理由を探してみたいと思います。

　キリスト教の特色はいろいろありますが、以下では聖書を貫く契約思想（第1章、第2章）、メシア思想と救済論、予型論（第3章）、そして洗礼の儀礼（第4章）を中心に掘り下げます。それに関する美術作品もみてゆきます。第5章で、虹、生命の木、生命の水というモティーフに着目して、テクストと図像の関連を考察します。これらを通し、キリスト教独自の生死論[1]――いのちのつながり――を明らかにしてゆきましょう。死の時点でその一個の生命が終わりなのではなく、死に関する信仰をもとに、死後も形を変えながら生は紡がれつながってゆくという考えが、キリスト教の特徴の一つであると論じてゆきます。

第1章　旧約聖書の契約思想

（1）聖書とは

　キリスト教で用いられている聖書は、「旧約聖書」と「新約聖書」という二つの書物から成り立っています。旧約聖書という書物はもともとはユダヤ教の聖典ですが、これをキリスト教は受け継ぎ、さらに新しい文書も加えてキリスト教の聖典としての「聖書」が成立してゆきます。旧約聖書、新約聖書は一度に書き上げられたものではなく、それぞれのなかに、長い時間をかけ異なる時代に記された多彩なジャンルの文書が集められています。

　「旧約」「新約」とは、「旧い（古い）契約」「新しい契約」を意味します。「契約」という考え方は難しいのですが、神と人間とのあいだで結ばれる約束、つまり相互関係の形式として深く論じられています。以下で、神と人間が契約関係にあるという見方はどのようなものか、聖書を読みながら考えてゆきましょう。それが「いのち」の連続性と関係することになります。なお現在では旧約聖書と言わずヘブライ語聖書、新約聖書でなくギリシア語聖書と言うこともありますが、本書では「契約」という概念を重視するため、旧約聖書、新約聖書の語を用います。

（2）ノア契約

　はじめに旧約聖書に記されている「ノア契約」（創世記9:9-17）を取り上げます。これは、大洪水とノアの箱舟というエピソードのなかで語られています。

　旧約聖書の「創世記」の冒頭にあるように、神は天と地——宇宙全体

――を創造します。光、大空、地、海、植物、太陽と月、星、魚、鳥、動物などの生き物、人間を創造しました（創世記1–2章）。ところが、人間が地上にどんどん増えると悪の行いがはびこり、人間世界は腐敗に陥ってしまいます。それゆえ神は人間を造ったことを後悔し、神の被造物すべてを地上から滅ぼすため、大洪水を起こすことを決めます。しかし正しく全き人であるノアだけは神に選ばれ、箱舟を作りそこにノアと彼の家族、またあらゆる生き物の雄と雌のつがいを乗せるようにといわれます。神による大洪水は40日間続きますが、その後雨はやみ水が引き、ノアたちは生き延びることができます。箱舟から降りたノアは自分たちの命が救われたことを神に感謝するため、祭壇を築き、清い家畜と清い鳥を焼き尽くすいけにえ（全焼の供犠）としてささげました。

　悪を行うようになった人間に対し心を痛め、大洪水によってノアの家族以外の全人類を絶滅させた神でしたが、洪水後、ノアと息子たちを祝福してから次のように語ります。

> ⁹「私は今、あなたがたと、その後に続く子孫と契約を立てる。¹⁰また、あなたがたと共にいるすべての生き物、すなわち、あなたがたと共にいる鳥、家畜、地のすべての獣と契約を立てる。箱舟を出たすべてのもの、地のすべての獣とである。¹¹私はあなたがたと契約を立てる。すべての肉なるものが大洪水によって滅ぼされることはもはやない。洪水が地を滅ぼすことはもはやない。」¹²さらに神は言われた。「あなたがた、および、あなたがたと共にいるすべての生き物と、代々とこしえに私が立てる契約のしるしはこれである。¹³私は雲の中に私の虹を置いた。これが私と地との契約のしるしとなる。¹⁴私が地の上に雲を起こすとき、雲に虹が現れる。¹⁵その時、私は、あなたがたと、またすべての肉なる生き物と立てた契約を思い起こす。大洪水

がすべての肉なるものを滅ぼすことはもはやない。[16]雲に虹が現れるとき、私はそれを見て、神と地上のすべての肉なるあらゆる生き物との<u>永遠の契約</u>を思い起こす。」[17]神はノアに言われた。「これが、私と地上のすべての肉なるものとの間に立てた<u>契約のしるし</u>である。」（創世記9:9-17）

　ここで注目すべきは、神との契約が人間だけでなく、地上のすべての生き物と結ばれることです。そしてそれが「永遠の契約」9:16であり、そのしるしが虹であるといわれています。虹はヘブライ語でケシェトといい、文字通りの意味は「弓」で、神が雲の中に神の弓を置いた、武器としての弓をもう使わないということになります[2]。

　天地を創造した神が大洪水後、滅亡はないという約束のしるしとして虹を現すというのはとても美しい表現だと思います。また命あるものすべてへの視線が感じられることに、聖書の奥深さが読み取れます。

（3）ノア契約の図像──虹の意味

　では次にこのノアの物語の図像をみてみましょう。聖書の物語がどのように画像として表現されているのか考えてゆきたいと思います。

　ラテン語版「モーセ五書」[3]の最古の写本といわれる『トゥールのモーセ五書』の図1は、ノアの箱舟と大洪水の場面です。ページの上半分に描かれた、赤、青、緑、紫の縞模様の箱舟は、窓やドアがしっかり閉まっています。下半分には、洪水によって溺死した人間や動物たちがいます。裸の人物のうち、大きい2人はネフィリム（巨人）です（創世記6:4）。

　図2はその続き、洪水後の場面です。箱舟の上の部分が開き、ノアが放したカラスや鳩が描かれています。何羽もの鳥がいますが、これは一

図1　ノアの箱舟と大洪水　『トゥールの
モーセ五書』6-7世紀頃
パリ　フランス国立図書館 Ms nouv.
acq. lat. 2334, fol. 9r

図2　下船、ノアのささげもの、契約の虹
『トゥールのモーセ五書』6-7世紀頃
パリ　フランス国立図書館 Ms nouv.
acq. lat. 2334, fol. 10v

度に放した鳥ではなく、時間をおいて 1 羽ずつ放し、戻ってきた鳥もい
たことを表します。

　この画面で興味深いのは、ノアが七度登場していることです。箱舟の
なかに乗っている様子が六度と、舟から降りて神への感謝のために犠牲
をささげる場面（大きな白い祭壇のところ）です。同一の画面に同一の
人物を繰り返し描くことにより、時間の経過が表現されますが、これを
異時同図法といいます。こうして、この 1 ページには小さな場面がいく
つも凝縮されています。

　画面の右上の枠からはみ出た楕円形の部分は、天からの神の出現の場
面です。そこは絵の具が剥落してよく見えないのですが、雲だと思われ
ます。そしてその下の青と紫の天から出た「神の右手」が、舟のなかに

いるノアに向けられています。楕円形の上の緑色の弧の部分が神の契約
のしるしの虹を示しています。虹の上には、「虹、すなわち平和の天弓」
(IRIS ID EST ARCUM PACIS) とラテン語で説明があります。虹が平
和のアーチという言葉は、現代の私たちにも強く響くメッセージです。
　神の右手は、左下のノアとその家族が犠牲をささげている場面にも見
いだされます。洪水後、箱舟から出たノアと家族が神のために清い家畜
と鳥を祭壇でいけにえとしてささげ、神から祝福される場面です。「産
めよ、増えよ、地に満ちよ。」（創世記9:1）という神の祝福が、神の右
手によって表現されてい
ます。不可視なる神をこ
のように右手で表象する
ことはキリスト教美術で
はよく認められます。
　図3は『ウィーン創世
記』という写本の洪水の
場面です。ページの上半
分にギリシア語訳のテク
スト、その下に挿絵とい
う構図です。大雨が降り
続き、おぼれかけている
人々、水中ですっかりお
ぼれている人、水上から
頭部を出している馬など
が見えます。洪水を真横
からあるいは斜め上か

図3　ノアの箱舟と大洪水　『ウィーン創世記』6世紀
前半、シリア
ウィーン　オーストリア国立図書館 Cod. Theol. gr.
31, fol. 2r

　ら、さらに水のなかの様子を表す視点など、さまざまな方向から表現されています。

　その次の場面では、大きな半円形の虹が描かれています（図4）。虹の上には、青い天から神の右手が下方に差し出されています。それと虹を見上げるように立つ4人の人物は、ノアと彼の3人の息子たち（セム、ハム、ヤフェト）です（創世記7:13; 9:18）。

　右から2人目の老人がノアだと思われますが、よく見るとその描き方が独特です。顔が上下逆になっていて、後ろ向きの人間が上を向くという姿勢をいかに描くか、画家の工夫あるいは苦慮が感じられます。遠近法などが確立される以前の人物描写が見て取れます。

　青緑色とピンクからなる大きな虹が際立っています。グラデーションのある寒色系と暖色系の太い帯状で、地上の端から端まで弧が描かれています。右手で表現された神が存在する天は、円の弦の部分で切り取られた形で青色に塗られています。下の虹と弧の部分が

図4　契約の虹　『ウィーン創世記』6世紀前半、シリア
ウィーン　オーストリア国立図書館 Cod. Theol. gr.
31, fol. 3r

対照的になり、天は上に開かれているようです。神と人間との契約のしるしである虹が、神と人間世界を結ぶように、また人間世界がその契約の下にあるように位置しています。半円の虹のなかに4人の人物がすっぽり包み込まれている描写は、人間が神の庇護のもとにあることを強調します。4人のしぐさは、神への祈りにつながるでしょう。

　次の写本挿絵では、上半分に大きな箱舟が洪水のなかに浮かんでいます（図5）。聖書に書かれているように、箱舟にはいくつもの小部屋があり、側面に戸口が作られています（創世記6:14–16）。戸口が閉まり、一番上にノア夫妻、その下に3人の息子とその妻たち、その下に動物、鳥、地をはうものなどのつがいがいる様子がわかります。箱舟の外は洪水で、おぼれた死者や骨などが水中をさまよっています。左下には放たれたカラスが見えます。

図5　ノアの箱舟と契約の虹　『旧約聖書物語』1350年頃
　パリ　フランス国立図書館　Français 1753, fol. 5r

　その下にテクストが書かれ、さらにその下が、洪水後の神の祝福、神とノアとの契約の場面です。青、赤、緑の虹が画面の枠内いっぱいに弧を描いています。左端の天から、神が右手を差し出しながら現れます。虹の下に4人の人物（ノアと息子たち）がいて、彼らが神と契約を結んでいることがはっきりと読み取れます[4]。

（4）旧約聖書時代の人たちのまなざし

　現在私たちは、虹は太陽光が大気中に浮かぶ水滴を通過するとき屈折、反射し、円弧状のさまざまな色の光の帯として見える、ということを知っています[5]。しかし日常生活のなかで、実際にそれまで降っていた雨がやみ、明るくなり赤や紫の虹が見えたとき、特段の宗教信仰がなくても何か晴れ晴れしい気持ちになったり、ほっとしたりすることがあります。弧を描いて明るい虹が大気中に広がってゆく様子を見るとき、そこに何か意味が込められているように感じることがあります。

　旧約聖書が書かれた時代の人たちも自然現象の虹を見上げ、神と人間とのあいだの約束のしるしという解釈を取り入れたところに、人間の宗教思想の知恵が見いだされるように思います。虹がどのようにして見えるのか科学的なことはわからなくても、その光景は古代人にとっても大きな感動を与えたと思われます。雨が降ったあとの虹を、大地に生きる私たちに対する天からの贈り物とみなすことには納得がいきます。神と人間との契約のしるし、洪水後の新しい命のはじまり、希望を表すしるしである虹を見上げる姿に祈りも感じられます。虹が神と人間とを結びつける媒介物となっています。

　絵画のなかでは、大洪水の悲惨さ——神による破壊——が強調されているものもあります。それにより、その後の神との契約、平和といった

状況が際立ちます。つまり人類とあらゆる生き物の生と死は、神の計画にもとづいているということが読み取れます。

　遠近法が確立したあとの美術作品をよく知っている現代の私たちには、6世紀や7世紀の絵画はもしかしたら「稚拙」に見えるかもしれません。でも、神との契約を信じ、神によって守られているという確信を持っている信仰者が聖書にもとづく絵を表現する際、不可視の存在や大事なものをいかに描写するか、留意していたと思われます。言葉や文字で伝承されてきた物語が、幾世代を通し図像イメージによって置き換えられてきたということに注目したいと思います。

　今日日本では、虹は7色という認識が広まっています。しかし実際の虹のなかに7色の異なる色彩を見分けるのはなかなか困難です。世界各地ではおおよそ2色から8色とする見方があり、多様です。もちろん虹はさまざまな色が連続した光であり、はっきりした境界があるわけではありません。雨や霧と太陽との関係で見える自然現象の虹を絵画化し、神の意志を表現することがキリスト教美術の一つの工夫といえます。

（5）シナイ契約

　旧約聖書には、ノア契約のほかにもアブラハム契約（創世記12-24章）、シナイ契約、ダビデ契約（サムエル下23:5；詩編89:20-30；さらにサムエル下7:11b-17；歴代誌17:10b-15）など、神とのいろいろな契約が記されています。これらのうち中心をなすのは、シナイ山で神ヤハウェとイスラエルの民とのあいだで結ばれた「シナイ契約」です（出エジプト19:4-6；24:3-8；申命記5:3；29:13-14）。聖書における契約を考えるうえでとても大事な出来事で、また本書のテーマ、生死論にも深く関連するので押さえておきたいと思います。

　「創世記」には天地創造と原初の人類の歴史に続き、族長たちの物語が書かれています。旧約聖書の伝承によると、メソポタミア地方からカナン（パレスティナ）の地へ移住した族長アブラハムという人物が、イスラエルの民の祖先とみなされています。アブラハム、その息子イサク、その息子ヤコブと族長が続き、ヤコブが神からイスラエルという名を与えられます（創世記32：29；35：10）。このヤコブの12人の息子の子孫で形成されていった部族が、イスラエルの民というまとまりとなったと考えられます。イスラエルの人々は、飢饉を逃れてカナンからエジプトへ移住しますが、そこで奴隷として苦役を課せられます。この民の苦難をみた神ヤハウェが、モーセという人物に顕現し、エジプトからの撤退を約束します。モーセに率いられいろいろな障害を乗り越え、エジプトを脱出したイスラエルの民に対し、シナイにおいて神はモーセを仲介者として、契約を結ぶことになります。

> ¹イスラエルの人々はエジプトの地を出て、三度目の新月の日にシナイの荒れ野にやって来た。²彼らはレフィディムをたってシナイの荒れ野に入り、その荒れ野で宿営した。イスラエルはそこにある山の前に宿営した。³さて、モーセが神のもとに登って行くと、主が山から呼びかけられた。「ヤコブの家に言い、イスラエルの人々にこのように告げなさい。⁴『私がエジプト人にしたことと、あなたがたを鷲の翼の上に乗せ、私のもとに連れて来たことをあなたがたは見た。⁵それゆえ、今もし私の声に聞き従い、私の契約を守るならば、あなたがたはあらゆる民にまさって私の宝となる。全地は私のものだからである。⁶そしてあなたがたは、私にとって祭司の王国、聖なる国民となる。』これが、イスラエルの人々に語るべき言葉である。」（出エジプト19：1–6）

　モーセが神から呼びかけられ、神とイスラエルの人々とのあいだに契約が結ばれます。神の契約を守るなら、イスラエルの人々は神によって選ばれ庇護されるという理解です。このあと、人々には十戒と契約の書が授けられます。また、契約を締結するにあたっての儀礼の記述も興味深いです。12部族のために12の石柱を立て、焼き尽くすいけにえ（全焼の供犠）、会食のいけにえ（和解の供犠）を行い、血を振りかけることなどが行われました（出エジプト24:1-11）。このシナイ契約を通して、神ヤハウェに選ばれた民としてのイスラエル民族共同体が形成されることとなります。

　シナイ契約の箇所、「出エジプト記」19:3の「主」が、イスラエルの人々が信仰していた神ヤハウェです。神の名前をみだりに唱えてはならないという禁止があるので（十戒の第3番目の戒め。出エジプト20:7）、ヤハウェという名前の代わりに「主」と言い換えています。

　シナイ契約は、双務的で条件付きといわれます。双務的というのは、この契約を結ぶ神とイスラエルの人々の双方が互いに義務を負うということです。上記引用で「今もし私の声に聞き従い、私の契約を守るならば、あなたがたはあらゆる民にまさって私の宝となる。」とあるように、「もしあなたがたが……ならば」という条件節が注目されます。また、さらに次のような記述からもそれが読み取れます。

　　³⁷主は、あなたの先祖を愛されたので、その後に続く子孫を選び、ご自身が大いなる力によって、エジプトからあなたを導き出された。³⁸主は、あなたより大きく、強い諸国民をあなたの前から追い払い、彼らの地に導き入れ、これを今日のように相続地として与えてくださった。³⁹そこで今日あなたがたは、上は天においても下は地においても、主こそ神であり、ほかに神はい

ないことを知って、心に留めておきなさい。[40]だから<u>今日私が命じる主の掟</u>
<u>と戒めを守りなさい。そうすればあなたもあなたの後に続く子孫も幸せにな</u>
<u>り、あなたの神、主が生涯にわたってあなたに与える土地で長く生きること</u>
<u>ができる。</u>（申命記4:37–40）

　このなかの下線部分に「あなたがたが主の掟と戒めを守れば、あなた
がたは主によって子々孫々幸せに長く生きることができる」という条件
があることがわかります。旧約聖書の契約についての議論はとても複雑
で、双務的か片務的か、さらに恩恵的かということは簡単に分類するこ
とはできません。より専門的な考察が必要となりますが、このように神
と人間、神と生き物すべてのあいだには契約関係があるという考え方
は、聖書を貫く考え方です。さらに4:39の「主こそ神であり、ほかに
神はいない」という文章から一神教の考え方が読み取れます。

（6）契約違反
　シナイ契約は、「ヤハウェの民」であるイスラエルの人々の自己理解
の原点となりました。その後イスラエルの民は、エジプト脱出後40年
たって、カナン（パレスティナ）の地に到達します。このときモーセは
すでに亡くなり、彼の後継者ヨシュアが民を率いています（ヨシュア
記）。こうして、紀元前13世紀頃パレスティナに移住（侵入）した人々
により、部族共同体イスラエルが形成されます。ヤハウェがイスラエル
の神として信仰され、律法（トーラー）の宗教であるユダヤ教の基盤が
築かれてゆきます。
　イスラエルは12部族の連合の体制をとっていましたが、周辺の敵対勢
力が強くなり、強い指導力のある王のもと、中央集権的な王国をつくる

必要が出てきました。紀元前1020年頃、サウルがイスラエルの王となり、続いて前1000年頃ダビデ王が周辺国家を制圧し、統一王朝を確立しました。エルサレムが首都として定められ、イスラエル王国（統一王朝）は一時、強国として栄えます（サムエル記上16章‒サムエル記下 8 章）。神ヤハウェは民族の繁栄を約束し、民族はヤハウェへの信頼において統一されることとなります。しかしダビデの子ソロモンの死後、部族間の対立などからイスラエル王国は、前926年頃北のイスラエル王国と南のユダ王国に分裂します。さらに前722年にイスラエル王国はアッシリアによって、ユダ王国も前586年新バビロニアにより滅ぼされます。その結果多くの人々がバビロニアに強制移住させられました（バビロン捕囚）[6]。

　このような危機的状況、破局的状況について、それは、イスラエルの民が契約違反を犯したため神による罰であると解釈する歴史家や預言者たちがいました。たとえば、イスラエルの歴史を叙述する歴史書の一つ「列王記」には次のように書かれています。

　　[13]実際、主は、すべての預言者、すべての予見者を通して、イスラエルとユダにこう厳しく命じられていた。「悪の道から離れて立ち帰りなさい。すべての律法に従って、私の戒めと掟を守りなさい。それは私があなたがたの先祖に命じたものであり、僕である預言者を通してあなたがたに伝えたものである。」[14]しかし、彼らは聞き従わなかった。自分たちの神、主を信じなかった先祖がかたくなであったように、彼らもかたくなであった。[15]彼らは、主の掟、主が先祖と結ばれた契約、主が彼らに厳しく命じられた定めを拒み、空しいものに従って歩んで、自らも空しくなり、主が彼らのように行ってはならないと命じられていた周囲の諸国民に従って歩んだ。[16]彼らは自分たち

の神、主の戒めをことごとく捨て去り、自分たちのために、二頭の子牛の鋳像を造り、アシェラ像を造り、天の万象にひれ伏し、バアルに仕え、[17]自分たちの息子や娘に火の中を通らせ、占いやまじないを行った。彼らは自らを売り渡して主の目に悪とされることを行い、主を怒らせた。

[18]主はイスラエルに対して激しく怒り、御前から彼らを退け、ただ、ユダの部族だけしか残されなかった。[19]ところが、ユダもまた自分たちの神、主の戒めを守らず、イスラエルが取り入れた風習に従って歩んだ。[20]そこで、主はイスラエルのすべての子孫を拒んで苦しめ、略奪者の手に渡された。こうして彼らをついには御前から捨て去られた。（列王記下17:13-20）

　ここでは、イスラエルの民が律法に従わず、神ヤハウェの戒めや掟を守らず、他の神を礼拝したためにヤハウェが怒り、罰として王国が滅亡したといわれています。また、その後のバビロン捕囚なども同様に、イスラエルの罪に対する神の審判であるとみなされます。

（7）「エレミヤ書」における新しい契約の預言

　このような考え方があるなか、「エレミヤ書」という預言書に、神ヤハウェが「新しい契約」を結ぶという救いの希望の告知が記されています。

[31]その日が来る——主の仰せ。私はイスラエルの家、およびユダの家と新しい契約を結ぶ。[32]それは、私が彼らの先祖の手を取って、エジプトの地から導き出した日に結んだ契約のようなものではない。私が彼らの主人であったにもかかわらず、彼らは私の契約を破ってしまった——主の仰せ。[33]その日の後、私がイスラエルの家と結ぶ契約はこれである——主の仰せ。私は、

　私の律法を彼らの胸の中に授け、彼らの心に書き記す。私は彼らの神となり、彼らは私の民となる。³⁴もはや彼らは、隣人や兄弟の間で、「主を知れ」と言って教え合うことはない。小さな者から大きな者に至るまで、彼らは皆、私を知るからである──主の仰せ。<u>私は彼らの過ちを赦し、もはや彼らの罪を思い起こすことはない。</u>（エレミヤ31：31-34）

　この部分は、「エレミヤ書」のなかでもっとも重要な箇所の一つといわれています。モーセを仲介として神と結ばれた契約とは異なる「新しい契約」について告げられているからです。下線部「私は彼らの過ちを赦し、もはや彼らの罪を思い起こすことはない。」31：34という言葉を通し、ヤハウェは「新しい契約」により、人々の罪を罰するのではなく、赦す、救済するであろうと言われています。「過ちを赦す」という意味はとても深いと思います。ここに、古い契約に対する新しい契約、つまり「新約」という考えが見いだされます。それまでの契約とは異なる契約のありかたを意識するようになっていったことが注目されます。

　しかし、旧約聖書のなかにこの新しい契約の預言が実現した、つまり新しい契約が結ばれたということは書かれていません。その後イエスが登場しキリスト教が成立してゆくなかで、最初期のキリスト教徒たちが、新しい契約の約束がイエス・キリストの生涯と死において成就したと信じたのです。こうして旧約聖書から新約聖書へと救いの歴史が展開してゆくこととなります。

　「エレミヤ書」は、預言者エレミヤの言葉が集められた書です。エレミヤは紀元前627年から約40年間、預言者として活動し、神の告知を語りました。その時期はユダ王国が滅亡するまでの激動の時代でした。

　預言者とは、神に選ばれて託宣を語る人たちです。神の声が聞こえた

り、神の顕現の幻が見えたり、霊感を得ることができ、霊能者、シャーマンであったと考えられます。神の言葉を人々に伝えていたので、神と人々の間の媒介者といえます。彼らが媒介して提示する神の言葉やヴィジョンは未来に関するものだけではなく、同時代の社会の状況や過去の歴史にかかわるものも多いため、神の言葉を「預かって」伝えるという側面が重視されます。それゆえ聖書関係分野では「預言者」と書かれることが通常となっているので、本書でもそれに従います。

「エレミヤ書」のこの「新しい契約」についての記述は、預言者エレミヤ自身の言葉なのか、それともそれをもとにのちに別な人々による編集や加筆が加えられている部分なのか議論が分かれているようです。この問題は、聖書学という研究領域における議論であり本書で立ち入ることはできません[7]。ただ、聖書の記述は、長い時間をかけていろいろな思想をもった人々により書き記され、また編集されていったということを覚えておきたいと思います。

それでは、新約聖書のほうに移ってみましょう。新約聖書はイエスという人物を中心に書かれています。

第2章　新約聖書における契約思想

（1）ナザレのイエス

　新約聖書の最初の四つの福音書には、イエスの生涯が記されています。イエスはガリラヤ地方のナザレ（現在のイスラエル北部）で生まれたユダヤ人です。西暦はイエスの誕生の年を元年として数える暦ですが、現在ではイエスの誕生した年はそれよりも早く紀元前7年か前4年と考えられています（12月25日がイエス降誕の祭日とされたのは4世紀）。

　イエスが生きていた当時のユダヤ教では、ファリサイ派と呼ばれる中産階級の律法学者たちが律法遵守を重視し、他の人々にも律法を守ることを要求しました。彼らは律法を守ることができない人々を罪人とみなしたりしました。また、神の戒めに従わなければ貧困となり、それは神の罰であるという理解もありました。

　このようなユダヤ教社会で、イエスはガリラヤ地方の庶民や差別されていた人々のなかに入り、病人を癒し、教えを宣べ伝えました。イエスの「神の福音」の宣教は、「時は満ち、神の国は近づいた。悔い改めて、福音を信じなさい」という言葉から始まります（マルコ1:15）。貧しい者や虐げられた者、差別された者、病人、最下層の弱者が解放される「神の国」が到来することを宣教して回りました。このような革新的な教えを聞き、イエスに従い行動を共にした人々が弟子となり、集まるようになっていきます。この一方で、

　　「心の貧しい人々は、幸いである
　　天の国はその人たちのものである。」（マタイ5:3）

　「いちばん先になりたい者は、すべての人の後になり、すべての人に仕える
　者になりなさい。」（マルコ 9:35）

　「財産のある者が神の国に入るのは、なんと難しいことか。」（マルコ 10:23）

　「子たちよ、神の国に入るのは、なんと難しいことか。金持ちが神の国に入
　るよりも、らくだが針の穴を通るほうがまだ易しい。」（マルコ 10:24-25）

といった言動は過激で挑発的、反社会的であり、ユダヤ教の正統派の指
導者たちはイエスに反感、敵意をもつようになります。そしてイエスが
首都エルサレムにのぼると、ユダヤ教の指導者たちによって逮捕され、
ローマに反逆した者として十字架刑に処されます。
　ユダヤは紀元前 1 世紀にローマ人の支配下に置かれ、紀元後 6 年に
ローマ帝国の属州となり、ローマ人の総督によって治められていまし
た。したがってイエスを死刑にする権限はユダヤ教の指導者にはなく、
最終的にイエスは、当時のユダヤ総督ポンテオ・ピラトのローマの政治
裁判を通して処刑されることとなります。なお、ユダヤはローマの属州
となっていましたが、ユダヤ人は宗教的には自治を認められていま
した。
　福音書には、十字架上の死のあと 3 日目にイエスが復活したと書かれ
てあります（マルコ 16:1-8 ほか）。人々のあいだにイエスが死から復活
し天に挙げられた（昇天）という信仰が広まり、さらに聖霊降臨という
体験をして原始キリスト教（最初期のキリスト教）が形成されてゆきま
す。この復活信仰に、罪、贖罪の死、信仰義認論といった考え方も加わ
りながら書簡、福音書や使徒言行録（イエスの弟子たちの行動の記録）、

黙示録などが書かれ、新約聖書としてまとまっていくことになります。

（2）復活信仰

　多くの人々のあいだにイエスが復活したという信仰が広まったことは、パウロの書簡からもうかがえます。パウロ（紀元前後〜60年頃）は、生前のイエスに実際に会ったことはないと思われますが、パウロの文章を読むと、イエスが語った言葉の伝承が知られていたことがわかります。

　パウロはもともとはサウロという名のユダヤ教徒で、イエスの教えを信じ支持していた人々（最初期のキリスト教徒）を迫害していました。しかしある日、突然天からの光が現れ、イエスの声を聞くという体験をします（使徒言行録9:1-9）。この幻視体験によりパウロは回心し、神の子イエスについての宣教に身をささげることになります。パウロにより、キリスト教はユダヤ人のみならず、それ以外の人々（異邦人）にも宣教され、世界中に広まることになりました。

　パウロは、キリスト教の歴史においてきわめて重要な人物です。新約聖書に、パウロが設立した教会宛てに書いた手紙がおさめられています（「ローマの信徒への手紙」のみ、すでに設立され、パウロにとっては未知の教会宛ての手紙）。13の書簡にパウロの名前がついていますが、そのうち7書簡がパウロの直筆と考えられています[8]。イエスが復活したという信仰に関する記述を読んでみましょう。

　　[3]最も大切なこととして私があなたがたに伝えたのは、私も受けたものです。すなわち、キリストが、聖書に書いてあるとおり私たちの罪のために死んだこと、[4]葬られたこと、また、聖書に書いてあるとおり三日目に復活したこ

と、⁵ケファに現れ、それから十二人に現れたことです。⁶その後、五百人以上のきょうだいたちに同時に現れました。そのうちの何人かはすでに眠りに就きましたが、大部分は今でも生きています。⁷次いで、キリストはヤコブに現れ、それからすべての使徒に現れ、⁸そして最後に、月足らずで生まれたような私にまで現れました。（コリント一15:3-8）

　復活したイエスが、ケファ（＝ペトロ）と12人や、500人以上の兄弟、ヤコブ、使徒たち、そしてパウロ自身に現れたとあり、大勢の人々のあいだに復活信仰が生じたようです。この引用部に続いて、キリストは死者のなかから復活したと、宣べ伝えられていたこともわかります（コリント一15:12-17）。イエスの復活は、来たるべき終末時に起こる復活の「初穂」と考えられています（コリント一15:20）。

（3）十字架上のイエスの死の意味
　上述のパウロの手紙のなかの下線部分「キリストが、聖書に書いてあるとおり私たちの罪のために死んだこと、葬られたこと、また、聖書に書いてあるとおり三日目に復活したこと」（コリント一15:3-4）、これがキリスト教信仰の根本といえます。引用した箇所は、最初期のキリスト教徒たちの信仰告白の定型（ケリュグマ）と呼ばれています。「キリストが、私たちの罪のために死んだ」とは、キリストが人間の罪を贖うために死んだということです。「聖書に書いてあるとおり」の「聖書」とは、旧約聖書をさします。コリント一15:3は、イザヤ書53:4-6, 8, 10, 12、コリント一15:4は、ホセア書6:12；ヨナ書2:1の記述が関連づけられると解釈されます。
　「私たちの罪」とは何でしょうか。

　旧約聖書においては、律法に違反することが罪ととらえられています。律法とは祭儀や法律、倫理的事柄についての教えですが、「モーセ五書」をさす場合もあります。ユダヤ教では、宗教的な祭儀規定や、法規定、生活上の教示などは神から与えられた規範であり、それを守ることが救いにつながるとみなされています。

　これに対してキリスト教では、罪は人間存在の根本にかかわるものと考えられています。パウロによると、罪を犯したアダム以来、人間はすべて罪を背負っている存在です（ローマ5:12）。「ユダヤ人もギリシア人も皆、罪の下にあるのです」（ローマ3:9）。ではこの罪の状態から抜け出すことはできないのでしょうか。

　そうではない、とパウロは言います。「人は皆、罪を犯したため、神の栄光を受けられなくなっていますが、キリスト・イエスによる贖いの業を通して、神の恵みにより価なしに義とされるのです。」（ローマ3:23-24）とあります。さらに次のように説かれています。

　　18そこで、一人の過ちによってすべての人が罪に定められたように、一人の正しい行為によって、すべての人が義とされて命を得ることになったのです。19一人の人の不従順によって多くの人が罪人とされたように、一人の従順によって多くの人が正しい者とされるのです。20律法が入り込んで来たのは、過ちが増し加わるためでした。しかし、罪が増したところには、恵みはなおいっそう満ち溢れました。21こうして、罪が死によって支配したように、恵みも義によって支配し、私たちの主イエス・キリストを通して永遠の命へと導くのです。（ローマ5:18-21）

　人間の罪が、キリストの贖い――イエスが十字架にかけられたこと

——によって義とされることが救いであるといわれています。

　贖罪とは罪を贖うことですが、とても難しい考え方です。贖いとは、もともとは対価または身代金を支払って（奴隷状態の者を）買い戻し、解放する行為の意味でした。ユダヤ教では、律法違反などの罪を犯した場合、牛や羊、ヤギを贖罪の犠牲にささげて罪を贖いました。犠牲となる動物が、罪を犯した人の身代わりとなって屠<ruby>屠<rt>ほふ</rt></ruby>られるのです。このような贖罪の思想をキリスト教は引き継ぎ、イエスの死は人間の罪を救うための犠牲の行為とみなされました。イエス・キリストの死と復活とは、人間の罪にある状態からの解放、救済と信じられてゆきます。こうしてイエスの十字架上の処刑は、政治的にローマに反逆したためという外的理由ではなく、人間の罪からの救いのため、新しい契約が成り立つための犠牲の死であった、と理解されるようになります。

　「すべての人が義とされて命を得る」（ローマ 5:18）とありますが、「義」とは、神が人を神の前で義なる（正しい）存在と認めることです。旧約聖書における義は、共同体の規範に即した行為と、そこから生じる救いを意味しました。ユダヤ教においては、人が律法を守る行為により救われると考えられていました。これに対し、パウロは「信仰義認論」という考え方を論じています。「神の義は、イエス・キリストの真実によって、信じる者すべてに現されたのです。そこには何の差別もありません。」（ローマ 3:22）と述べ、イエス・キリストを信じる信仰により、人には「神の義」が与えられる（救われる）とされています。さらに「不敬虔な者を義とされる方を信じる人は、働きがなくても、その信仰が義と認められます。」（ローマ 4:5）という言葉から、不敬虔、不信心な者を働きがなくても義とする（救う）神を信仰する態度が重要である、とパウロが考えていることに留意する必要があります[9]。

28

（4）主の晩餐

　このようにイエスの死が贖罪の死であったという信仰が宣教されていましたが、イエスの死の前の大事な出来事も伝えられていました。処刑される日の前夜、イエスは弟子たちと食事をしたことがパウロの手紙と福音書から読み取れますが、そのときのイエスの言葉に着目しましょう。

　　　²³私があなたがたに伝えたことは、私自身、主から受けたものです。すなわち、主イエスは、引き渡される夜、パンを取り、²⁴感謝の祈りを献げてそれを裂き、言われました。「これは、あなたがたのための私の体である。私の記念としてこのように行いなさい。」²⁵食事の後、杯も同じようにして言われました。「この杯は、私の血による新しい契約である。飲む度に、私の記念としてこれを行いなさい。」²⁶だから、あなたがたは、このパンを食べ、この杯を飲む度に、主が来られるときまで、主の死を告げ知らせるのです。
　　　（コリント一11：23–26）

　このパウロの文章は、コリントの信徒たちに宛てて「主の晩餐」とは何か、どのようにそれに集い、どのようにふるまうのかということを説いている文章です。
　他方、パウロの手紙よりあとに書かれた福音書では、イエスと12人の弟子たちの食事の場面が、受難物語の一部として語られています。「ルカ福音書」の記述をみてみましょう。

　　　¹⁹それから、イエスはパンを取り、感謝の祈りを献げてそれを裂き、使徒たちに与えて言われた。「これは、あなたがたのために与えられる私の体であ

る。私の記念としてこのように行いなさい。」[20]食事の後、杯も同じように
して言われた。「この杯は、あなたがたのために流される、私の血による新
しい契約である。[21]しかし、見よ、私を裏切る者が、私と一緒に手を食卓に
置いている。[22]人の子は、定められたとおり去って行く。だが、人の子を裏
切る者に災いあれ。」（ルカ22:19–22）

　食事の際、イエスがパンと葡萄酒を弟子たちに分け与えるとき、パン
はイエスの体、杯の葡萄酒はイエスの契約の血であると言ったと書かれ
ています。パウロの書簡でも「ルカ福音書」でも「この杯は、あなたが
たのために流される、私の血による新しい契約である」と、契約に「新
しい」という形容詞がついていることが注目されます。「私の血」とは
十字架上で流されるイエスの血のことで、イエスの体とともに記念し、
想起して主の晩餐を行いなさい、といわれています。イエスの死が、古
い契約に対する新しい契約の実現ととらえられています。
　これは、「主の晩餐」「最後の晩餐」とよばれるエピソードをさします
が、キリスト教会で行われるミサ（聖体拝領、聖餐式）のもととなって
います。キリスト教徒はパンと葡萄酒を共に食することによりキリスト
につながっている、教会に属しているという連帯感を確認することにな
ります。キリストの命の糧に生かされ、キリストの体としての共同体が
形成されてゆくのです。またこの記述では、イエスは弟子の一人ユダが
自分を裏切ることをすでに予知していたと読み取れます。
　このエピソードは、マタイ、マルコ、ルカの福音書に共通して書かれ
ています。この三つの福音書では共通する内容が多く、比較対照しなが
ら読まれることが多いため、これらをあわせて「共観福音書」と呼びま
す。主の晩餐の記述も全体としては共通していますが、細かい字句に違

いがあり、記述の伝承や編集の過程が研究されています。

（5）イエス・キリストによる新しい契約

　このように新約聖書の記述から、罪の贖いとしてのイエスの死が、神との新しい契約において理解されていることがわかります。

　旧約の祭司制度や祭儀について詳述されている「ヘブライ人への手紙」では、神の子イエスが「創世記」14:18-20に登場するメルキゼデクに比類する永遠の大祭司ととらえられています（ヘブライ7-8章ほか）。「イエスは永遠に生きているので、変わることのない祭司職を持っておられるのです。それで、ご自分を通して神に近づく人々を、完全に救うことがおできになります。この方は常に生きていて、彼らのために執り成しておられるからです。」（ヘブライ7:24-25）といわれています。

　またイエスを、旧約を凌駕する者ととらえ「しかし今、私たちの大祭司は、はるかに優れた務めを得ておられます。この方は、さらにまさった約束に基づいて制定された、さらにまさった契約の仲介者だからです。」（ヘブライ8:6）と述べ、イエスをすぐれた契約の仲介者と解しています。続いて8:7-12には、最初の（古い）契約と第二の（新しい）契約とが対比されています。

　　[7]もし、あの最初の契約が欠けのないものであったなら、第二の契約が必要になる余地はなかったでしょう。[8]しかし、神は彼らを責めて、こう言われました。
　　「『その日が来る。
　　　私はイスラエルの家、およびユダの家と
　　　新しい契約を結ぶ』と

主は言われる。

⁹『それは、私が彼らの先祖の手を取って

エジプトの地から導き出した日に

結んだ契約のようなものではない。

彼らが私の契約を守らなかったので

私も彼らを顧みなかった』と

主は言われる。

¹⁰『それらの日々の後

私がイスラエルの家と結ぶ契約はこれである』と

主は言われる。

『私は、私の律法を彼らの思いに授け

彼らの心に書き記す。

私は彼らの神となり

彼らは私の民となる。

¹¹彼らは、自分の同胞や兄弟の間で

「主を知れ」と言って教え合うことはない。

小さな者から大きな者に至るまで

彼らは皆、私を知るからである。¹²私は彼らの不正を赦し

もはや彼らの罪を思い起こすことはない。』」

¹³神は「新しい契約」と言われることによって、最初の契約を古びたものと されたのです。年を経て古びたものは、間もなく消えうせます。(ヘブライ 8:7-13)

8:7の最初の契約とは、モーセを通してのシナイ契約をさします。続 いて8:8-12に先にみた旧約聖書の「エレミヤ書」31:31-34の記述が引 かれています。「エレミヤ書」には、新しい契約が成立したとは書かれ

ていませんが、この記述をふまえ、シナイ契約を超える第二の新しい契約の成立が認識されています（8:13）。過ちや不正、罪を赦す救いの契約です。それがイエスの十字架の死により成就されるととらえられていきました。

さらに「こういうわけで、キリストは新しい契約の仲介者なのです。それは、最初の契約の下で犯された違反の贖いとして、キリストが死んでくださった結果、召された者たちが、約束された永遠の財産を受けるためです。」（ヘブライ9:15）、「キリストは、罪のためにただ一つのいけにえを献げた後、永遠に神の右の座に着き」（ヘブライ10:12）といった記述からも、キリストが古い契約と新しい契約を結びつける存在と考えられています。

エレミヤが預言した新しい契約は、最初期のキリスト教徒により、イエス・キリストの十字架を通して成就されたと解釈されています。

第3章　メシア思想と救済論

　聖書を読むと、神と人間との契約関係についての考えが変化しなが
ら、旧約聖書と新約聖書は断絶せず続いていることがわかります。旧約
聖書の記述をふまえ、イエスの生涯と死を通しての罪からの救いが論じ
られているのです。旧約から新約へという歴史の流れのなかで、メシア
思想や救済論が深められ、キリスト教独自の生死論と結びつくといえ
ます。

（1）メシア待望

　「マタイ福音書」のはじめに「アブラハムの子、ダビデの子、イエス・
キリストの系図」（1:1）とあり、アブラハムからイエスまで続く系譜が
書かれています。この系図により、イエスがイスラエル民族の始祖アブ
ラハムの子孫であることが明白に示されています。イエスがダビデの子
孫であることも重視されています。

　すでに述べたように、ダビデはユダの地のベツレヘムのエッサイの息
子で、紀元前1000年頃油を注がれてユダの王となった人物です。ダビデ
の時代にイスラエル王国（統一王朝）は強大になり、ダビデはイスラエ
ル史上、最も偉大な王とみなされます。王位につくときに聖別の儀礼と
して油を注がれますが、油を注がれた者、聖別された者という意味の語
が「メシア」（ヘブライ語でマシーアハ）です。さらにそこから、メシ
アとは理想的な統治者、救済者、救世主という意味となりました。

　この後、イスラエル民族の長い歴史のなかで、民族が危機や苦難に
陥ったとき、再びダビデ王のような王、救済者の出現が期待されました。

これがメシア待望です。

　紀元前8世紀に南ユダで活躍した預言者イザヤが、イスラエルの民の悪行や不正に対し、将来のメシアによる公正な支配を預言しています（イザヤ8:23-9:6; 11:1-9; 16:1-5）。その一節は次のように書かれています。

> [1]エッサイの株から一つの芽が萌え出で
> その根から若枝が育ち
> [2]その上に主の霊がとどまる。
> 知恵と分別の霊
> 思慮と勇気の霊
> 主を知り、畏れる霊。
> [3]彼は主を畏れることを喜ぶ。
> その目の見えるところによって裁かず
> その耳の聞くところによって判決を下さない。
> [4]弱い者たちを正義によって裁き
> 地の苦しむ者たちのために公平な判決を下す。
> その口の杖によって地を打ち
> その唇の息によって悪人を殺す。
> [5]正義はその腰の帯となり
> 真実はその身の帯となる。（イザヤ11:1-5）

　「エッサイの株から一つの芽が萌え出で……」という記述は、ダビデの父エッサイの子孫から理想の王（メシア）が出て、平和が訪れるであろうという預言です。このような記述をもとに新約聖書において、その理想の王とはイエス・キリストであると表明されています。先の「マタ

イ福音書」冒頭の系図の最後には「ヤコブはマリアの夫ヨセフをもうけ
た。このマリアから<u>メシアと呼ばれるイエス</u>がお生まれになった」（マ
タイ1:16）という記述があり、イエスがメシア、救世主ととらえられ
ていることが明らかです。

　このように福音書ではイエスが救い主として描写されていますが、こ
こで歴史的人物としてのナザレ出身のイエスと、イエス・キリストとい
う表現の違いに注意する必要があります。イエスという名の人物が1世
紀初頭に生きたという歴史的事実と、その人物を救い主と信じる信仰は
区別されます。

　キリストという語は、救世主、救い主という意味の称号です。ヘブラ
イ語のマシーアハのギリシア語形がクリストスですが、日本語ではそれ
ぞれ、メシアやキリストという表記になっています。「イエス・キリス
ト」とは、歴史的個人のイエスをキリスト、メシア（マシーアハ）、救
い主として信仰する表現といえます。

（2）救済史と予型論

　旧約、新約の二つの聖書の流れのなかに、万物の創造、原罪、神との
契約、キリストの死と復活による救いの行為の歴史を読む考え方は、救
済史論といえるでしょう。神の救いの計画がどのように書かれている
か、罪ある人類の歩みに神がどのように具体的にかかわっているのか、
という視点から聖書を読み、キリスト教が展開してきた歴史をイエスの
十字架上の死にもとづいて理解する態度といえます。とくに新約聖書
で、キリストは旧約における神の救いの約束の成就ととらえられてい
ます。

　このように旧約聖書と新約聖書をあわせてみるとき、予型論（タイポ

ロジー）という考え方に着目する必要があります。予型論とは、旧約聖書のさまざまな記述のなかに、新約聖書のなかの事柄——とくにイエスや教会に関すること——の予型（前兆・予兆 typos）を見いだす解釈の仕方です。旧約聖書の内容をキリスト教的に解釈し関連づけようとするもので、新約聖書に書かれていることはすでに旧約聖書において予型としてある、ととらえるものです。

　パウロの手紙のなかで、アダムはキリストの予型となります（ローマ5：14；コリント一15：45）。ノアの洪水も予型論的に解釈されます（後述）。

（3）エッサイの木の図像

　先の「イザヤ書」11：1-5のメシア待望についての記述はのちに寓意的に解釈され、根がエッサイ、幹や枝（virga）はイエスの母マリア（virgo 処女）、その枝の果実や花はキリストと同一視されてゆきます。こうしてイエスの系図が「エッサイの木」というモティーフで視覚化されるようになります。「イザヤ書」では六つの霊が主の霊としてあげられていますが、ユスティノス（165年没）という神学者が七つととらえ、2世紀以降キリスト教徒のなかでは七つの霊の賜物と解釈されてゆきます[10]。

　「エッサイの木」の図像をいくつかみてみましょう。

　図6はラテン語聖書写本の「マタイ福音書」の冒頭ページに添えられた挿絵です。そのテクストは、Liber generationis Iesu Christi filii David filii Abraham（アブラハムの子、ダビデの子、イエス・キリストの系図の書）という文章から始まりますが、その最初の文字Lのなかに、エッサイの木のモティーフが描かれています。画面の下に目をつぶって横になったエッサイがいて、その腰から木が生え、まっすぐ上に伸びた幹には、ダビデ、ソロモン、マリア、イエスが連なっています。一番上のイ

エスの頭の周りに舞う7羽の鳩が七つの霊を表現します。中央の幹の左
右には、アモス、マラキ、ミカ、ザカリヤ、ヨナ、エゼキエル、ダニエ
ル、エレミヤ、ハバクク、モーセなど旧約の預言者などが、巻物の書を
もっています。旧約から新約へという神の救済の歴史が表現されてい
ます。

　図7では、画面の一番下の寝台に横になっているのがエッサイです。

そこから樹木が生
えており、枝と葉
が曲線状に伸びて
います。中央の木
には、下から旧約
聖書に登場する王
（ダビデとソロモン
と考えられる）[11]、
マリア、イエスが
連なっていて、イ
エスがエッサイの
家系の子孫である
こと、マリアを通
して生まれている
ことが明確になっ
ています。画面の
周囲には、旧約聖
書中の人物や預言
者が描かれていま

図6　エッサイの木　『聖書』Capuchins' Bible　1180年頃
　パリ　フランス国立図書館 MS lat. 16746, fol.7v

す[12]。また、写本挿絵だけではなくステンドグラスにも多くの作例があ
ります（サン・ドニ修道院、シャルトル大聖堂など）。

図7　エッサイの木　『インゲボルク詩編』　1195年頃
北フランス
シャンティイ　コンデ美術館　Ms. 1695, fol. 14v

第4章　洗礼とキリスト教の成立

（1）洗礼による新しいいのち

「マタイ福音書」は、復活したイエスが弟子たちに命じる言葉で終わっています。

> [18]イエスは、近寄って来て言われた。「私は天と地の一切の権能を授かっている。[19]だから、あなたがたは行って、すべての民を弟子にしなさい。<u>彼らに父と子と聖霊の名によって洗礼を授け</u>、[バプテスマ][20]あなたがたに命じたことをすべて守るように教えなさい。私は世の終わりまで、いつもあなたがたと共にいる。」（マタイ 28:18–20）。

　イエスの処刑、復活後、こうして弟子たちはイエスのことを説教して回ります。弟子たちの言葉を受け入れた人々が、洗礼を受けてキリスト教は広まってゆきます（使徒言行録2:37–42ほか）。ペトロやパウロの活動により、ユダヤ人のほか異邦人にもキリスト教信仰は広まり、弟子たちがキリスト者と呼ばれるようになりました（使徒言行録11：26）。

　洗礼（バプテスマ）は、水にもぐったり、水をかけたりする行為を通してキリスト教信仰を受け入れるという入信儀礼（イニシエーション）です。新約聖書の記述からは、洗礼を受けて得られるものは救済であるということが明確に意識されていたとわかります。以下の引用にあるように洗礼の水には力や恵みがあり、罪を洗い清め、聖化される働きがあるととらえられていました。

「さあ、何をためらっているのです。立ち上がりなさい。その方の名を呼び求め、洗礼（バプテスマ）を受けて罪を洗い清めなさい。」（使徒言行録22:16）

「心は清められて、良心のとがめはなくなり、体は清い水で洗われています。信頼しきって、真心から神に近づこうではありませんか。」（ヘブライ10:22）

またイエスの名を唱えることにより救いがもたらされ、霊が終末論的賜物として与えられます。聖霊を通して（使徒言行録2:38; 8:15-17ほか；ローマ5:5; コリント一6:11; 12:13; コリント二1:22; エフェソ1:13; テトス3:5）、キリスト教の共同体へ加わることになるのです（使徒言行録2:41; コリント一1:6; 6:11）。

パウロによって洗礼の神学的意味が省察されており、それが成立しつつある原始キリスト教共同体の基盤となっていきます。たとえば、

27キリストにあずかる洗礼（バプテスマ）を受けたあなたがたは皆、キリストを着たのです。28ユダヤ人もギリシア人もありません。奴隷も自由人もありません。男と女もありません。あなたがたは皆、キリスト・イエスにあって一つだからです。（ガラテヤ3:27-28）

13なぜなら、私たちは皆、ユダヤ人もギリシア人も、奴隷も自由人も、一つの霊によって一つの体となるために洗礼（バプテスマ）を受け、皆一つの霊を飲ませてもらったからです。（コリント一12:13）

という句からは、洗礼によりキリストを着ることになること、そして霊を与えられ、人種や出身に関係なくキリスト教徒として一つにまとまる

ことが強調されています。とくに重要なのは、

> ³キリスト・イエスにあずかる洗礼^{（バプテスマ）}を受けた私たちは皆、キリストの死にあずかる洗礼^{（バプテスマ）}を受けたのです。⁴私たちは、洗礼^{（バプテスマ）}によってキリストと共に葬られ、その死にあずかる者となりました。それは、キリストが父の栄光によって死者の中から復活させられたように、私たちも新しい命に生きるためです。……　¹¹このように、あなたがたも、自分は罪に対しては死んだ者であり、神に対してはキリスト・イエスにあって生きている者だと考えなさい。
> （ローマ6:3–4, 6:11）

といわれていることです。洗礼とは、水につかることで死に、さらにその死から起こされ（復活させられ）、新しい時代に生きること、生命（いのち）の新しさにおいて歩むことを意味すると解釈されます。洗礼を受ける者にとって、キリストの死と復活が同様の経験となることが強調されます（ローマ6:1–11）[13]。

（2）洗礼の儀礼

　ところで、洗礼はキリスト教独自の儀礼ではありません。ユダヤ教の伝統にもあり、汚れを清めるための沐浴や水くぐりが行われ、洗いや清めのため水が用いられていました（レビ記11–15章ほか、民数記19章など。シュリンク1988, 18–32）。洗礼者ヨハネがヨルダン川流域で行っていた洗礼運動の様子も、福音書から読み取れます。イエスもヨハネの教えに共感し、彼から洗礼を受けています（マルコ1:9–11ほか）（図8）。

　洗礼がどのように行われたのか、新約聖書からははっきりわかりません。「バプテスマを施す」という表現は水に浸す、沈めるという意味で、

図8　イエスの洗礼　500-526年頃
ラヴェンナ　アリウス派洗礼堂

川や池の水のなかに完全にくぐら
せることが示されますが、水をふ
りかけるということも行われたと
考えられます。

　「ディダケー」（十二使徒の教
訓）という、1世紀末から2世紀
初頭頃にシリアで成立したと考え
られる使徒教父文書があります。
最初期のキリスト教において、イ
エスの教えを実践し信仰生活を行
うための教示の文書ですが、その

7章に洗礼について書かれてあります。それによると、洗礼に用いる水
として、流れる水または他の水、冷たい水、温かい水などとあり、水槽
や桶を使用したことも考えられます[14]。水を用いての儀礼であることが
重要です。さらに洗礼式では、悪霊の拒否や信仰宣言がなされます[15]。
　洗礼はキリスト教のサクラメント（秘跡）の一つです。サクラメント
とは隠れた神秘を示すしるしであり、具体的には神の恵みを信徒に与え
る儀礼のことをさします。カトリック教会では秘跡といい、洗礼・堅
信・聖体・ゆるし・病者の塗油・叙階・婚姻の七つがあります。プロテ
スタント諸教派では聖礼典（礼典）として、洗礼と聖餐があげられます。

（3）洪水と洗礼

　本書第1章(2)で旧約聖書の「創世記」のなかの洪水とノア契約の物
語をみましたが（6-8頁）、この記述が新約聖書の「ペトロの手紙一」
で取り上げられています。この手紙は、苦難にあるキリスト者たちに対

し、イエスの歩んだ道を歩む恵みとして示し、終末の希望を確信させ、苦しみや不都合を耐え忍ぶよう励ます文書です。

> [18]キリストも、正しい方でありながら、正しくない者たちのために、罪のゆえにただ一度苦しまれました。あなたがたを神のもとへ導くためです。キリストは、肉では殺されましたが、霊では生かされたのです。[19]こうしてキリストは、捕らわれの霊たちのところへ行って宣教されました。[20]これらの霊は、ノアの時代に箱舟が造られていた間、神が忍耐して待っておられたのに従わなかった者たちのことです。僅か八名だけが、この箱舟に乗り込み、<u>水を通って救われました</u>。[21]<u>この水は、洗礼（バプテスマ）を象徴するものであって、イエス・キリストの復活によって今やあなたがたをも救うのです</u>。洗礼（バプテスマ）は、肉の汚れを取り除くことではなく、正しい良心が神に対して行う誓約です。[22]キリストは天に昇り、天使たち、および、もろもろの権威や力を従えて、神の右におられます。（ペトロ一3:18-22）

　ノアとその家族が箱舟に入り洪水を生き延びたことが、洗礼を受けることと対応して考えられています。受洗者は洗礼の水を通り（水につかり）、その水によって救われるととらえられます。3:20の8人とは、ノア夫妻、ノアの息子3人とその妻たちです。ノアの洪水の物語が、キリスト教徒が洗礼によって救済されることと結びつけられています。「信仰によって、ノアはまだ見ていない事柄についてお告げを受けたとき、畏れかしこみながら、その家族を救うため箱舟を造り、その信仰によって世を罪に定め、信仰による義を受け継ぐ者となりました。」（ヘブライ11:7）とあるように、ノアは初期教会でキリスト教徒の信仰の模範とされています（ペトロ一3:20；ペトロ二2:5も参照）。

　他方「マタイ福音書」で、神による洪水が終末ととらえられている箇所があります。義人ノアたちは準備を怠らなかったため破滅を免れることができたが、多くの人々は大洪水が起こることも知らず、箱舟に入ることもなくおぼれてしまったとして、終末が到来する場合、人々はこのような二通りに分けられると注意が喚起されています（マタイ24:36-39）。洪水は神に従わなかった者に対しては破壊ですが、従順なノアたちにとっては、安全な地へともたらす救いとなります。

　このように新約聖書においてノアの物語が予型論的に解釈され、洪水に両義的な意味が加えられています。

（4）生命をもたらす水

　予型論的解釈の一つとして洪水の水は洗礼を象徴し、生ける水、生命をもたらす水ととらえることができます。以下にあるようにすでに旧約聖書において泉の水は、神が与える生命、救いの水とみなされています。

　　あなたがたは喜びのうちに
　　救いの泉から水を汲む。（イザヤ12:3）

　　さあ、渇いている者は皆、水のもとに来るがよい。（イザヤ55:1）

　　わが民は二つの悪をなした。
　　命の水の泉である私を捨て
　　自分たちのために水溜めを掘ったのだ。
　　水を溜めることもできないすぐに壊れる水溜めを。（エレミヤ2:13）

その日、ダビデの家とエルサレムの住民のために、罪と汚れを清める一つの
泉が開かれる。（ゼカリヤ13:1）

その日になると、エルサレムから命の水が流れ出て
その半分は東の海に、他の半分は西の海に流れ
夏も冬も流れ続ける。（ゼカリヤ14:8）

　またエデン（楽園）から流れ出た四つの川（創世記2:10-14）の源が
生命の泉とも解釈されています。そしてイエスが語った言葉、

「私が与える水を飲む者は決して渇かない。私が与える水はその人の内で泉
となり、永遠の命に至る水が湧き出る。」（ヨハネ4:14）

「渇いている人は誰でも、私のもとに来て飲みなさい。私を信じる者は、聖
書が語ったとおり、その人の内から生ける水が川となって流れ出るようにな
る。」（ヨハネ7:37-38）

が想起されます。洗礼の水は救いとなっていますが、「ヨハネ福音書」
において水そのものが新しい命をもたらすもの、渇きを癒すものといわ
れていることも注目に値します。

（5）洗礼の図像
　いくつか洗礼の図をみてみましょう。
　図9のモザイク画は「使徒言行録」9:17-19にもとづく描写で、水が
たっぷり入った洗礼盤に胸までつかったパウロ（S Paulus）が、左側に

図9　パウロの洗礼　12世紀中頃
パレルモ　カペッラ・パラティーナ

立つアナニア（S Anania）から洗礼を受けています。右上の天上から神の右手が出ていて、そこからパウロに向かって、聖霊を象徴する鳩が金色の筋を伴って降下しています。その先はちょうどパウロの耳元へ達しています。アナニアは、右足を前へ踏み出し、右手をパウロの頭の上に置き洗礼を授けています。パウロとアナニアの2人にはニンブス（神聖な存在のしるしとして頭部を囲む光の表現）が描かれています。アナニアの後ろには、彼の助手らしき人物がろうそくを手にして彼に仕えていますが、これは洗礼儀礼の執行における助祭の役割が反映されていると考えられます。画面上方には、Praecepto Christi baptizatur Paulus ab Anania（キリストの命令に従ってパウロがアナニアによって洗礼を授けられる）という銘文が書かれています。

　496年、メロヴィング朝フランク王国の初代国王クローヴィスが、キリスト教に改宗しカトリックの王となります。それ以後、ローマ教会とフランク王国との関係が築かれてゆくことになります。クローヴィス1世がランスの司教レミ（レミギウス）によって洗礼を授かっている場面が、図10です。王冠のみ身に着け、両手をあわせているクローヴィスが、洗礼盤のなかに入っています。右上から聖霊を示す鳩が、水差しを口に

くわえて王のほうへ飛んできています。左側では司教レミが器でクローヴィスに水を注いでいます。キリスト教が世界各地へ広がる過程において、異教徒への洗礼は不可欠でした。フランク王国の王がキリスト教徒となることにより、布教がより進んでいったことが推測されます。

図10　クローヴィスの改宗の洗礼　（フランス大年代記）1375-1400年　パリ　フランス国立図書館　Français 2813, fol. 12v（部分）

　また、教会には洗礼堂が建てられ、洗礼盤が造られてゆきました。図11の作品から、実際にこのような洗礼盤で水につかったことがうかがわれます。側面にはイエス自身の洗礼が描かれていて、受洗するとキリストにつながることが強調されています。

（6）洗礼と教会共同体

　中世ドイツ、オットー朝の一写本に、洗礼に関連した印象深い挿絵があります。それは、「雅歌」「箴言」（部分）「ダニエル書」の聖書テクスト、それらに対する注解、さらに行間に書き込まれた注釈（語釈）が書かれている写本です[16]。そのなかの「雅歌」テクストの巻頭の見開き両ページの挿絵が、図像学的に独特でまた相互に関連しているため、あわせてみてゆくことにします。

　図12の左ページは、画面中央の洗礼から始まり、受洗した信徒たちが列をなして天上へと歩みを進め、最終的に右上の隅のイエスの十字架へ

図11 真鍮製洗礼盤　1107-1118年
リエージュ　聖バルテルミー教会（高さ60cm　直径80cm）

図12　洗礼から十字架までの行程、天への行程（マイエスタス・ドミニ）『バンベルク注解書』1000年頃　ライヒェナウ　バンベルク　州立図書館　Msc. Bibl. 22, fols. 4v-5r

たどり着く光景です。十字架上のイエスの脇腹からは血が流れており、横にいる女性——エクレシア（教会）の擬人像、キリストの花嫁——がその血を聖杯で受け取ったあと、さらにその聖杯を行列の先頭にいる女性に差し出しています。イエスの受難の証しである血の入った聖杯をエクレシアは受洗者に与えており、これは「主の晩餐」にさかのぼります。

　つまりこの挿絵には、洗礼と聖体拝領（聖餐）という二つの重要なサクラメントが描かれています。入信儀礼として、それまでの罪が洗礼の水を通して赦され、新たに生まれかわることとなります。洗礼を受けた人々が聖杯と聖体を受け取り、キリストに結びつくこと、キリスト教共同体の構成員となることが示されています。

　一方右ページには、天上の「マイエスタス・ドミニ」（Majestas Domini）を中心として信徒たちがその神へあいまみえるという天への行程の様子が、金地を背景に描かれています。マイエスタス・ドミニとは、荘厳のキリストまたは栄光のキリストとも呼ばれ、神の栄光を表すキリスト教美術の主題です。

　キリストは、イニシャルＯをかたどったなかに、左手に金色の円球（地球を暗示）を持ち、右手で祝福のしぐさをし、宇宙を象徴する球の上に座しています。キリストの両脇には、赤い翼で身体を覆った天使（ケルビム）が３人ずついます。イニシャルＯをさらに囲む黄緑色の円の周囲には、三人一組の天使が６グループ、それぞれ杖（笏）を持ち、黄金色の天空（宇宙）に浮かんでいるように描かれています。

　ここでは、マイエスタス・ドミニを中心として光り輝く神の顕現（テオファニア）が表現されています。エクレシアが、列をなしている信徒たちを地上からキリストへと天使を通して仲介します。天上へと上昇する人々の行列のなかで、天使に囲まれたマイエスタス・ドミニに一番近

い人々の顔が暗くなっています。とりわけ先頭の人物の目が先導者としてのエクレシアの手で覆われていることにより、神を見ることの重大さ、神秘性を暗示しているのではないでしょうか。

　この次のページから始まる「雅歌」テクストの最初の句「どうかあの方が、その口のくちづけをもって／わたしにくちづけしてくださるように。」（新共同訳雅歌1:2a Osculetur me osculo oris sui）が、右ページの下、人々の列の下に書かれています（イニシャルOはOsculeturの最初の文字）。この言葉は教会共同体の願いとみなすことができます。とするとこれら挿絵ページには、花婿たるキリストとの一致をのぞむ洗礼を受けた信徒たちの、天上の神へと近づこうとする動きが描写されているといえます[17]。さらに「雅歌」1:4の句「楽しみましょう／あなたのもとで喜びましょう。」（Exultabimus et laetabimur in te）が、欄外の注釈「天の父なる国の喜び」（gaudia caelestis patriae）という語に関連するのではないかとも推測されています[18]。

　この挿絵には、洗礼にもとづくキリスト教的生死観、洗礼のほか聖体拝領のサクラメントと組み合わされたキリスト教徒としての救い、神との合一が視覚化されています。サクラメントの視覚化を通し、洗礼による古い自分の死と新しい第二の生を経験することが救済史観にも結びつくことなど、典礼と教義の関連が具体的に示されています。

第5章　虹・生命の木・生命の水のモティーフからみる生死論

　これまでキリスト教の特徴的な生死論をめぐり、いくつかの教義や儀礼を考察してきました。神、契約、罪、メシア、救済論といった考え方は容易に理解できるものではありません。けれども実際に聖書を読んでみると、長い歴史のなかで人々はさまざまな状況に対していかに生きるかを考え、何かを信じる心が発揮されてきたように思われます。美術作品によりキリスト教の思想や教義が表現されることにも注意を向けてきました。絵画など視覚イメージにも、見る人に強く訴えかける力があります。以下ではこれまでみてきた虹、生命の木、生命の水のモティーフが、キリスト教の生死論や救済史を表象するため、多様なコンテクストにおいて重要な役割を果たしていることを明らかにしてゆきましょう。

（1）契約のしるしと神の栄光

　神による洪水が予型論的にも解釈されることを確認しましたが、同様に図像においてもノア契約の物語が新約聖書と関連づけられている例があり、救済史的観点からも興味深いので取り上げてみます。それは、新約聖書の最後にある「ヨハネ黙示録」の写本挿絵で、以下の引用に関連します（Lewis 1990, 245）。

　　[1]その後、私が見ていると、開かれた扉が天にあった。そして、先にラッパのような声で私に語りかけた、あの最初の声が言った。「ここへ上って来なさい。そうすれば、この後必ず起こることをあなたに示そう。」[2]私は、たちまち霊に満たされた。すると、天に玉座があり、そこに座っている方がお

52

られた。³その座っている方は、碧玉や赤めのうのように見え、玉座の周り
にはエメラルドのような虹が輝いていた。⁴また、玉座の周りに二十四の座
があり、それらの座には白い衣を身にまとい、頭に金の冠をかぶった二十四
人の長老が座っていた。⁵玉座からは、稲妻、轟音、雷鳴が起こった。また、
玉座の前には、七つの松明が燃えていた。これは神の七つの霊である。（ヨ
ハネ黙示録4:1-5）

　この記述はヨハネが見た幻――玉座とそれに座る者、その周囲の光
景――の内容です。神が歴史を貫いて全世界を統治するという確固たる
事実（佐竹2009a, 222）を示す際、神の玉座の周りにエメラルドのよう
な虹が輝いていたという表現が注目されます。地上には厳しい現実が広
がるとしても、天では神の揺るがぬ世界統治があるというのです。
　図13の右ページの上の場面では、天の開かれた扉を見て、自分が見た
幻を巻物に書くヨハネがいます。ラッパのような声（4:1）は、天使が
ラッパを吹いている様子で表されています。下の場面に、天の玉座に座
す神、その周囲の24人の長老、七つの松明が見えます。天上の神の座が
光り輝くこと、すなわち神の栄光が、虹のモティーフを用いて表現され
ています。玉座に座る神の周りの虹という記述により、神が聖なる空間
を示す黄金のマンドルラ（楕円形やアーモンド形の光の表現）のなかの
水色の虹に腰かけているように図示されています。
　他方左ページの下の部分には、ノアの箱舟と洪水の情景が異時同図と
して圧縮して組み込まれています。左側の空中に金色で力強く描かれた
虹がかかっています。こうしてこの画面は大洪水がやみ、神と人間との
あいだに契約が結ばれたことが示されています。
　なぜ「ヨハネ黙示録」写本に、旧約聖書のノアの物語の図が描き込ま

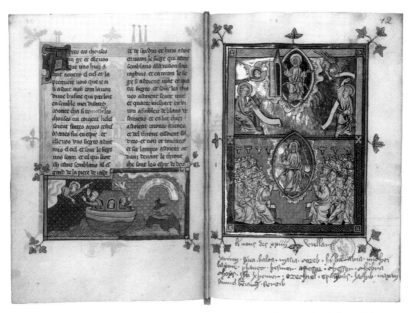

図13　ノアの箱舟と契約の虹、天の玉座と二十四の座『ヨハネ黙示録』14世紀
　　　パリ　フランス国立図書館　Français 13096, fols. 11v–12r

　れているのでしょうか。それは、天上の輝く神の玉座を象徴する虹に対して、ノア契約の虹が結びついて解釈されているからです。神との契約のしるしである金色の太い虹と、マンドルラのなかに座する神の背後の金地が、どちらも鮮やかに輝いていることも注目されます。

　虹が神の栄光を象徴すること、また全世界の統治者としての神を讃える表現であることは、キリスト教美術のなかでよく認められます。それは、「周りの輝きは、雨の日に雲の中に現れる虹の姿のようであった。これは主の栄光のような姿であった。」（エゼキエル1:28）という文章からも説明されます。

（2）新しいエルサレム

　さらに虹の表現として「ヨハネ黙示録」22:1-5の記述にもとづく「新しいエルサレム」の図像があります。「新しいエルサレム」において「生命」が神と小羊に由来すること、また神の恵みが語られている表現です（佐竹2009b, 437-439）。

> [1]天使はまた、神と小羊の玉座から流れ出て、水晶のように光り輝く命の水の川を私に見せた。[2]川は、都の大通りの中央を流れ、その両岸には命の木があって、年に十二回実を結び、毎月実を実らせる。その木の葉は諸国の民の病を癒やす。[3]もはや呪われるべきものは何一つない。神と小羊の玉座が都にあって、神の僕たちは神を礼拝し、[4]御顔を仰ぎ見る。彼らの額には、神の名が記されている。[5]もはや夜はなく、灯の光も太陽の光も要らない。神である主が僕たちを照らすからである。そして、彼らは世々限りなく支配する。（ヨハネ黙示録22:1-5）

　このテクストに虹についての言及はありません。ところが図14の神と小羊がいる天は虹の弧によって地上と分けられ、しかもその弧が普通の虹と逆の形なのが注目されます。天上世界を暗示する虹は、ノア契約の虹を思い起こしながら新約の神の現存を強調するようです。

図14　新しいエルサレム 『黙示録』（The 'Queen Mary Apocalypse'）1300-1325年 ロンドン　大英図書館　Royal 19 B XV, fol. 43v（部分）

　虹の下に「生命の木」、そして「生命の水」の川が流れています。この聖書箇所には「創世記」2:8以下のエデンの園の記述が想起され、生命をもたらす生ける水の川や、緑の葉と曲線の枝による生命の木の表現は、天地創造から黙示録までの生命のつながりを感じさせます。

（3）創造主と虹、審判者と虹

　虹に座した神による天地創造の図像もあります。図15は「創世記」写本の一部分で、第6日目、「地は生き物をそれぞれの種類に従って、家畜、這うもの、地の獣をそれぞれの種類に従って生み出せ。」（創世記1:24）という神の描写です。この箇所に虹の言及はなくとも、挿絵では虹により、創造主である神の栄光が象徴されています。

図15　神による創造　『エジャトン創世記』1350-1375年　ロンドン　大英図書館 Egerton MS 1894, fol. 1v（部分）

図16　最後の審判　シュテファン・ロホナー　1435年頃　ケルン　ヴァルラフ・リヒャルツ美術館

神の玉座の虹という表現は、「最後の審判」の審判者キリストの表象にも取り上げられます（図16）。

さらにここで言及すべきは、ヒエロニムス・ボスの三連祭壇画「快楽の園」の外翼の情景です（図17）。色彩豊かな中央画面とは対照的に、外翼を閉じるとモノクロームで描かれた天と地の球体が現れます。天には雲が立ち込め、そこからいく筋かの光が弧を描いて大地のほうに差し

図17　快楽の園外翼　ヒエロニムス・ボス　1503年-1504年頃　マドリッド　プラド美術館

込んでいます。左上には、王冠をかぶった父なる神が玉座に座しています。この光景は天地創造の3日目の描写とする通説に対し、光の筋を虹ととらえ、大洪水後の世界とみる説もあります。上の「マタイ福音書」24：36-39の記述もふまえて洪水後の終末の情景（最後の審判とも関連）とみなすこともできます。この情景はボス特有の謎が込められ両義的に解釈されます。外翼を開閉し、中央の場面も眺めることにより、世界の誕生から滅亡（最終的な二度目の大洪水）へという円環的な構造が立ち上がるとみる解釈も説得力があります[19]。

（4）エッサイの木と十字架

第3章で、旧約から続くメシア待望が救い主キリストの誕生と結びついた表象として、エッサイの木の図像があることを確認しました。さらにこの木のモティーフにイエスの十字架磔刑やほかの表象が入り組み、複雑な神学的構成をとる図像があります。

　図18は『人類救済の鑑』（*Speculum Humanae Salvationis*）という写本のなかの１枚です。画面下の中央にエッサイが横になり、そこから１本の木が生えています。中央へ伸びる幹に、幼子イエスを抱いたマリア、その上のメダイヨン（円形）のなかに神の小羊が認められます。注目すべきはさらにその上に、イエスがはりつけにされた十字架が続いていることです。マリアから生まれたイエスが、処刑されたことがはっきりと表現されています。

　エッサイからマリアまでの父祖たちは、その左右方向へ伸びる枝で作られた円のなかに描かれていますが、ダビデやソロモン以外は、多くが省略されています。それに代わって預言者や旧約聖書のなかの人物が登場しています。洗礼者ヨハネも見えます。この人物たちは、イエスより前の時代に属する人物で、みなイエスの到来を準備しながら待望していたとみなされます。

　十字架上のイエスの脇腹からは血が流れています。左側でその血を受け取っている女性、エクレシア（Ecclesiaの銘文）はキリスト教教会の擬人像です。聖杯の下には、「雅歌」1:14のラテン語が書かれています。ラテン語訳の聖書ともとのヘブライ語の聖書とでは語句が多少異なるのですが、「愛する人は私にとって／エン・ゲディのぶどう園に咲くヘンナの花房。」という内容です。これは、エクレシアにとって愛する人はキリスト、葡萄の木、キリストの血は葡萄酒にたとえられるということです。したがって十字架の足元に神の小羊が描かれていることも大切です。この小羊の胸から同様に血が流れ、聖杯に注がれています。「主の晩餐」でイエスが杯をとり、「この杯は、あなたがたのために流される、私の血による新しい契約である」（ルカ22:20）と言ったことに結びつきます（前述、28-29頁）。

図18　エッサイの木と十字架　『人類救済の鑑』1325-30年
クレムスミュンスター修道院図書館　Cod. Crem 243, fol. 55r

　エクレシアの女性像の左には、祭司王メルキゼデクが聖杯を持って立っています。銘文は「私、メルキゼデクがパンと葡萄酒をささげた」（創世記14:18参照）。先述のとおり新約聖書の「ヘブライ人への手紙」では、キリストがメルキゼデクに連なる永遠の大祭司と解されます（ヘブライ5:5-6ほか）。さらにその左では、女性が牛の頭部の偶像（Ydolumの銘文）を礼拝しています。手にした巻物には「もろもろの民の神々はすべて空しい。／主は天を造られた。」（詩編96:5）とあり、異教の神々と一神教の神とが対比され、多神教における信仰を偶像崇拝と批判しています。

　イエスの右側では、弟子のヨハネと聖母マリアがイエスの死を悲しんでいます。その右には、モーセとシナゴーグ（Synagogaの銘文）の女性擬人像が立っています。モーセは青銅の蛇をかけた竿を持っています。左手の巻物には、「あなたの神、主は、あなたの中から、あなたの同胞の中から、私のような預言者をあなたのために立てられる。あなたがたは彼に聞き従わなければならない」（申命記18:15）と書かれています。モーセによって挙げられた蛇は、十字架上で処刑されたイエスに対応すると予型論的に解釈されています（民数記21:5-9；ヨハネ3:13-14）。

　シナゴーグはユダヤ教の会堂という意味ですが、ここではエクレシア（キリスト教教会）と対比され、ユダヤ教全体を表します。目隠しをされたシナゴーグはイエスの十字架に背を向け、手にはヤギの頭部を持っています。これは、ユダヤ教がまだイエス（神の小羊）の存在を知らず、またイエスを真の救い主と認めないということを表現しています。

　十字架の上のメダイヨンのなかに鍵と書物（聖書）を持つキリスト、その周囲に「あなたが地上で結ぶことは、天でも結ばれ、地上で解くことは、天でも解かれる」（マタイ16:19）、「私の名前を異邦人へと運びな

さい」（使徒言行録9:15参照）という文章。これは、イエスがペトロに天国の鍵を与えたことと、パウロが異邦人宣教のため主によって選ばれたことを示します。ペトロとパウロはイエスの磔刑後、キリスト教伝道に大きな役割を果たしましたが、この挿絵でキリストの両脇にペトロとパウロ（銘文はサウロ Saulus）がひざまずいていることとつながります。

キリストの上部周辺に、鳩で表現された七つの霊が浮遊しています。左から知恵の霊、認識の霊、思慮の霊、勇気の霊、主を知る霊、敬虔の霊、主を畏れる霊という七つの霊です。さらにこのページの四隅には、福音書の著者シンボルとして、天使（マタイ、右上）、牛（ルカ、右下）ライオン（マルコ、左下）、鷲（ヨハネ、左上）が、やはり木に連なった枝や葉とあわせて描かれています。

中世後期ヨーロッパで広く制作された『人類救済の鑑』には、ルシファーの堕落から最後の審判までという救済史的、宇宙論的時空が多層的に広がっています。堕罪からイエスの受肉、受難を通しての贖罪、復活、昇天の出来事が詳しく説かれ、キリスト再臨までの時間を生きる人々に対し救済への道を示す教化的書物となっています。さらに聖母マリアを中心とした記述も多く、マリア論的主題がキリスト論的主題を内包しており、キリストによる救済にマリアも積極的に関与していることが強調されています[20]。

したがってこのエッサイの木の図像にも（図18）、メシア待望から救いの成就への過程がよりはっきり認められます。エッサイ→幼子イエスを抱くマリア→神の小羊や十字架磔刑、そしてキリストという流れが中央に打ち立てられています。イエスの十字架上の死が人類の罪の贖いであり、その十字架を通してキリスト教教会が成立してゆくという歴史観

が示されています。それは同時に、罪を赦されキリスト教徒として生きるという新しい生命の成長——エッサイから伸びる木の枝、葉が背景を埋め尽くす——も意味します。エッサイの木のモティーフは、キリスト教的生死論をふまえた「生命の木」といえるでしょう。

（5）ボナヴェントゥラの『生命の樹』

　ところで、まさに「生命の木」と名づけられた図像があります。それは、フランシスコ修道会のボナヴェントゥラ（Bonaventura, 1217〜1274年）の『生命の樹』（*Lignum vitae*）という霊性神学的著作（1260年頃）にもとづくものです。『生命の樹』は、キリスト教徒たちが十字架につけられたイエスの苦悩と悲痛と愛について思い巡らし、追憶ができるよう著された黙想用の小さな書です。このなかで「献身の念を燃え立たせ、敬虔な信仰心を育むために」以下のようにいわれています。

　　では、知性を働かせて、一本の樹を思い描いてください。その根は絶え間なくこんこんと湧き出す泉によって潤されています。そして、その泉は生きた大きな川となり、全教会という楽園を潤すために四つの支流に分かれていきます（創世記2:10）。
　　この樹の幹からは葉と花と果実に装われた十二の枝が伸びています。その葉はあらゆる種類の病に対する予防にも治療にも非常に良く効く薬となります。（……）
　　そして十二の果実にはあらゆる楽しみとあらゆる甘味が宿っております（知恵の書16:20）。この果実は神の僕たちが味わうために用意されており、これを食べる人々はつねに満たされており、飽きることもありません。（……）

　　ここで生命の樹の果実は、十二の枝に十二とおりの味がするものとして、食
　べるために用意され、描写されます。（ボナヴェントゥラ2002, 11-13）[21]

　このように生ける泉に潤い、12の枝と葉、12種類の味がする果実のな
る生命の木の形を通して、イエスの誕生、受難、栄光の３段階が、順序
よく述べられることになります。救い主イエスの出生と誕生や、彼のへ
りくだった謙遜な生き方、徳の気高さ、慈愛、信頼、忍耐、毅然さ、勝
利、復活、昇天の崇高さ、審判の公平さ、神の国の永遠性の甘美な味覚
などについて瞑想するために生命の木が用いられているのです。こうし
た内容の著作を図解した画像をみてみましょう。
　パチーノ・ディ・ボナグイダ（Pacino di Bonaguida, 1303～1347年頃活
動）による板絵は、フィレンツェ近郊のモンティチェッリのキアラ修道
会のために制作された祭壇画です（図19）。イエスの十字架は、横木が
左右へ12本伸びた枝になり、そこに果実として金色のメダイヨン（円形）
が並んでいます。このメダイヨンのなかに『生命の樹』にもとづいたイ
エスの出来事——誕生、受難、栄光——が描写されています。まさに木
の比喩を用いてキリストの神秘を瞑想するものとなっています。
　12本の枝に四つの果実、つまり全部で48の果実があることになります
が、右の一番上の枝には三つのメダイヨンのみで、最後の四つ目（48番
目）「イエス、望まれた終末」（神の御国の永遠性という果実のなかの、
究極の願望である至福の状態についての叙述）[22] は、十字架のさらに
上、板絵の最上部に描かれています。そこではキリストとマリアが天の
一番上の玉座に座しています。その周囲には天使、聖人、預言者たちが
座っています。
　十字架の上にはペリカンがいます。ペリカンは、自らくちばしで自分

図19　生命の木　パチーノ・ディ・ボナグイダ　1305-1310年頃
フィレンツェ　アカデミア美術館

の胸を傷つけ、そこから流れる血で雛たちを養った（死んだ雛たちをよみがえらせた）という伝承があり、イエスの自己犠牲を象徴します。

　この画の一番下には、「創世記」のアダムとエバの創造、2人が善悪の知識の木の実（2:9; 2:17）を食べてしまい楽園追放されるところまでの物語が描かれています。

　その上には、左側にモーセとアッシジのフランチェスコ、右側にキアラ（クララ）とヨハネが、それぞれ文章が書かれた巻物を持ってひざずいています。キアラは、フランチェスコに帰依してフランシスコ会の女子修道会クララ会を作った女性です。

　モーセが持つ巻物には、「園の中央には命の木があった」（創世記2:9参照）、フランチェスコのほうには「しかし、この私には、私たちの主イエス・キリストの十字架のほかに、誇るものが決してあってはなりません。」（ガラテヤ6:14）と書かれています。キアラ――キリストの花嫁と解される――には「愛する人は私にとって没薬の匂い袋。／私の乳房の間で一夜を過ごします。」（雅歌1:13）、ヨハネには「命の木があって、年に十二回実を結び、毎月実を実らせる。その木の葉は諸国の民の病を癒やす。」（ヨハネ黙示録22:2）という文章です（Wood 1996, 76-77）。ヨハネの言葉は、先にもみた新しいエルサレムの描写です。

　このような構想によりこの祭壇画全体において、旧約聖書冒頭の「創世記」から新約聖書の最後の「ヨハネ黙示録」までの壮大な救済史と生死論が、生命の木と生命の水のモティーフにより描出されています。天地創造、原罪からイエスの十字架の死による罪の贖い、さらに続いて洗礼の生ける水を通して新しい命を得たキリスト教徒、教会の歩みという歴史です。楽園を流れる川と新しいエルサレムのなかの生命の水がこの絵のなかで結びついていることも興味深いです。

　この生命の木の根元、十字架が立つゴルゴタの丘を示す岩山のなかに
いるのは、フランシスコ修道会の僧衣を着たボナヴェントゥラと考えら
れています。彼は巻物のようなものを広げていますが、それは彼の著作
『生命の樹』でしょう（Wood 1996, 76）。

　ボナヴェントゥラはフランシスコ修道会に属する神学者ですが、この
修道会の創始者、アッシジのフランチェスコに生命の木が宿った図があ
ります（図20）。彼は、貧しく十字架で死んだイエスを模倣し、徹底し
た清貧を実践し第二のキリストと呼ばれますが、亡くなる2年前に十字
架上のイエスの姿をした天使セラ
フィムからイエスと同様の場所に
聖痕を受けたとされます[23]。この
絵では、フランチェスコの胸元の
聖痕から緑鮮やかな木の茎が生え
出て、そこから枝分かれした太い
茎が四方に伸びています。ここに
は果実を結びながら修道士や修道
女へ連なり、フランシスコ会や女
子のクララ会が成長し、発展して
ゆくという展望が示されてい
ます。

図20　聖フランチェスコ　15世紀末　フ
ライブルクかシュトラスブルク周辺
ミュンヘン　州立グラフィック美術館
Inv.-Nr. 39845（部分）

┃┃ おわりに——いのちのつながり ┃┃

　自然界の秩序の存続を保証するノアの契約から、イエス・キリストによる救いの成就、新しいエルサレムにおける宇宙万物の救済、来たるべき展望までの歴史の一端を美術作品もみながら学んできました。

　神との契約という考え方により旧約聖書と新約聖書は断絶せず、生命の創造の営みや、神の救いの歴史がとぎれることなく続いています。イエスの十字架の死を、人間の罪を贖うための代理の死ととらえ、イエスを救い主と信仰すること、洗礼によってキリスト者は教会共同体に連なることなどは、生死論の観点から考察できることもわかりました[24]。虹、生命の木、生命の水のモティーフに注目すると、神との契約の概念が人類の歴史に通底し、今のいのちにつながっていることが確認できます。

　雨上がり、色彩豊かな別空間を生み出す虹に、目に見えない神の存在を感じていた人々がいたのです。弧を描き明るく輝く虹に神の栄光を見て取り、そこに座し全世界を統べる神を表現したのでしょう。虹を見上げる姿は、命をもたらす全知全能の神への祈りととらえられます[25]。

　樹木のモティーフにより生命の連続性がダイナミックに描写され、また「生命の水」というモティーフで、洪水や洗礼を解釈することができます。人々を潤し、罪を清める生命の水の表象も、旧約聖書から新約聖書へ流れ込んでいます。そして新しいエルサレムとして構想されるキリスト教会にいのちの根源が据えられています。洗礼や聖体拝領（ミサ）などの儀礼を通してキリスト教会は成長し、キリストとの共生を希求しているといえるでしょう。

＊　　　＊　　　＊

　キリスト教文化圏で生まれ育っていない人間にとり、聖書の記述やキリスト教のさまざまな教義や考え方のなかには、難しく感じられるものがあります。しかし、イエスの身代わりの死のうえに自分たちが生きている（命が与えられている）という信仰や、いのちの尊厳、その循環性、自然との調和の重要性などに目を向けることはできたのではないでしょうか。生き物だけでなく自然環境との共生も不可欠であることを聖書は教えています。生と死、再生、復興という生命の営みについて、新しい視点が与えられます。

　罪からの救い、恵み、全体性の回復、赦し、平和、他者との共生などはキリスト教に限られる事柄ではありません。いのちは多様な関係性のなかでとらえられるものと思われます。

　虹、生命の木、生命の水といったモティーフはキリスト教以外でもさまざまに見いだされます。虹は希望や願いの成就のほか、持続せず消えてしまうので、はかなさやうつろいなどを示す場合もあります。生命の木、生命の水については関心があったら調べて比較してみてください。それにより文化が異なっても人間が考えることには共通性があること、または文化の相違による多様な生死観があることなどに気づくことができるでしょう。

　本書の作品図版は白黒で小さくなってしまいましたが、インターネットなどでカラー図版を検索してみてください。

注

1）昨今は「死生学」という名称が広く使われていますが、本書では生から死へという過程や、生命の連続性を重視し、生と死についての考察を「生死論」「生死学」とします（細田2017, 12）。

2）アッカド語で虹はマンザート（*manzât, manziat*）といい、虹を表す天の女神としても理解されています。この女神はシュメール語では天の弓を意味する^dTIR.AN.NAと表記し、メソポタミアとエラムの女神として知られていますが、これは人為的に作られた可能性もあると考えられています（Lambart 1987, 344）。

3）「モーセ五書」とは、旧約聖書の最初に収められている「創世記」「出エジプト記」「レビ記」「民数記」「申命記」の五つの文書をさします。ユダヤ教では「トーラー」（律法）と呼ばれ、旧約聖書全体のなかでとくに重視されています。

4）神と向かい合っている4人は、右からノア、その息子たち、セム、ハム、ヤフェトと考えられます（創世記7：13；9：18）。しかし挿絵のなかの人物を説明する文字は、noe, sen, can, jaffet とハムの代わりにハムの息子カナンと書かれ、聖書の記述と異なっています（写本の次ページでも同様にnoe, sen, can, jaffetとあります）。

「創世記」によると、洪水後、ノアの3人の息子の子孫が世界に広がることとなります。ノアは農夫となり、ぶどう畑を作りますが、ぶどう酒を飲んで裸になったところを息子のハムに見られてしまいます。これに対し、ノアはハムでなく、ハムの息子カナンを呪う、というエピソードがあります（創世記9：20-28）。この写本挿絵で、ノアとともにいる3人の人物として、ハムでなくその息子カナンが指摘されているのは、カナンが呪われることがすでに強調されているからかもしれません。「カナンは呪われ、兄弟の僕の僕となるように。」（創世記9：25）という呪いがすでに先取りされているようにも思われます。

5）虹についての光学的理論、文化史や科学的研究史などについては西條1999参照。

6）バビロン捕囚は複数回行われ、前586年の強制移住は第2次。

7）Holladay 2004, 70-73；関根2005, 143-147；山我2013, 313-314ほか。世界的な学界では、エレミヤより後の人々の加筆とみなす意見のほうが支持されているようです。申命記主義的編集の問題などについては専門外のため扱うことができません。

8）「ローマの信徒への手紙」「コリントの信徒への手紙」一、二、「ガラテヤの信徒への手紙」「フィリピの信徒への手紙」「テサロニケの信徒への手紙」一「フィレモンへの手紙」。

9）「義認」『岩波キリスト教辞典』263.

10）細田2017, 242-256.

11）エッサイとマリアの間の旧約時代に属する2人が誰なのかについては、解釈が分かれています。

12）画面左下からマラキ、ダニエル、イザヤ、画面右下からアロン、エゼキエル、クマエのシビュラです。アロン以外は、文章が書かれた巻物を手にしています。クマエのシビュラは聖書のなかには登場しませんが、中世では、イエスの誕生を予言した人物とみなされていました。

13）細田2007, 47-48.

14）「洗礼については……流れる水によって、父と子と聖霊の名をもって洗礼を授けなさい。流れる水がない場合には、他の水で洗礼を授けなさい。冷い水でできない場合には、温かい水でなさい。どちらの水もない場合には、頭に水を三度、父と子と聖霊の名をもって注ぎなさい。」荒井編1998, 33.

15）ユングマン1997, 88–99.
16）Mayr-Harting 1991, Abb. 185, 186; Suckale-Redlefsen 2004, Kat. Nr. 63, 85–88.
17）この写本挿絵については、ベーダの雅歌注解や、偽ディオニュシオスの『天使位階論』やエリウゲナの思想との関係も指摘できると思われます（細田2007, 75–82）。
18）Suckale-Redlefsen 2004, 87.
19）Gombrich 1969, 162–170；辻1987, 285–288；神原2017, 52–62.
20）『人類救済の鑑』については細田2018a, 2018b参照。Cod. Crem. 243の写本についてはNeumüller 1997（1972）など参照。
21）引用した文献のなかの聖書句の参照表示を多少変更しました。
22）ボナヴェントゥラ2002, 92–94.
23）アッシジのフランチェスコの聖痕拝受のヴィジョンについては、細田2010, 172–180も参照。
24）宗教美術と生死論については細田2017においても論じています。
25）虹に関する存在論的考察（加地2014；飯田2019；松田2021など）は、宗教学や神話学における虹の議論においても示唆的です。虹を見ること、虹が見えること、虹が出ることといったとらえかたの違いから、虹に祈るという人間のふるまいについても考察を深めることができるのではないでしょうか。

参考文献

聖書
共同訳聖書実行委員会1987『聖書　新共同訳』日本聖書協会。
新約聖書翻訳委員会訳2004『新約聖書』岩波書店。
旧約聖書翻訳委員会訳2004–2005『旧約聖書』I–IV岩波書店。
日本聖書協会2018『聖書　聖書協会共同訳』日本聖書協会。

荒井献編1998『使徒教父文書』講談社。
飯田隆2019『虹と空の存在論』ぷねうま舎。
大貫隆・名取四郎・宮本久雄・百瀬文晃編2002『岩波キリスト教辞典』岩波書店。
岡田温司2012『虹の西洋美術史』筑摩書房。
加地大介2014「虹と鏡像の存在論」松田毅編『部分と全体の哲学―歴史と現在』春秋社、197–228.
神原正明2017『『快楽の園』を読む―ヒエロニムス・ボスの図像学』講談社。
旧約聖書翻訳委員会訳2005『聖書を読む―旧約篇』岩波書店。
西條敏美1999『虹―その文化と科学』恒星社厚生閣。
佐竹明2009a『ヨハネ黙示録注解』中巻、新教出版社。
――2009b『ヨハネ黙示録注解』下巻、新教出版社。
シュリンク、E. 1988『洗礼論概説』宍戸達訳、新教出版社。
関根清三2005「預言者的救済の系譜―イザヤ・第二イザヤ・エレミヤ」旧約聖書翻訳委員会訳2005『聖書を読む―旧約篇』岩波書店、119–147.
辻佐保子1987『中世絵画を読む』岩波書店。
細田あや子2007「洗礼の図像解釈―オットー朝写本挿絵を中心に」『比較宗教思想研究』7, 47–84.
――2010「異次元世界の交差と合一」栗原隆・矢萩喜従郎・辻元早苗編『空間と形に感応する身

体』東北大学出版会、169-195.

──2017『生と死と祈りの美術─日本と西洋の信仰のかたち』三弥井書店。

──2018a「『人類救済の鑑』のなかのイエスの譬え」越宏一編『中世美術の諸相』竹林舎、134-172.

──2018b「媒介者マリア─『人類救済の鑑』を中心に」杉木恒彦・髙井啓介編『霊と交流する人びと』下巻、リトン。

ボナヴェントゥラ2002『愛の観想─生命の樹・神秘の葡萄の樹』小高毅訳、あかし書房。

松田毅2021『夢と虹の存在論─身体・時間・現実を生きる』講談社。

山我哲雄2013『一神教の起源─旧約聖書の「神」はどこから来たのか』筑摩書房。

──2014『キリスト教入門』岩波書店。

ユングマン、J. A. 1997『古代キリスト教典礼史』石井祥裕訳、平凡社。

Estes, D.(ed.), 2020: *The Tree of Life*, Leiden/Boston.

Gombrich, E. H. 1969: Bosch's "Garden of Earthly Delights": A Progress Report, in: *Journal of the Warburg and Courtauld Institutes* 32, 162-170.

Green, S. L. 2019: *Tree of Jesse Iconography in Northern Europe in the Fifteenth and Sixteenth Centuries*, New York.

Holladay, W. L. 2004: Elusive Deuteronomists, Jeremiah, and Proto-Deuteronomy, in: *The Catholic Biblical Quarterly* 66, 55-77.

Ilg, U. 2014: Quasi lignum vitae: The Tree of Life as an Image of Mendicant Identity, in: Salonius, P. and Worm, A.(eds.), *The Tree: Symbol, Allegory, and Mnemonic Device in Medieval Art and Thought*, 187-212.

Lambert, W. G. 1987: Manzi'at/Mazzi'at/Mazzât/Mazzêt, in: *Reallexikon der Assyriologie* 7, 344-346.

Lewis, S. 1990: The Apocalypse of Isabella of France: Paris, Bibl. Nat. MS Fr. 13096, in: *The Art Bulletin* 72, 224-260

Mayr-Harting, H. 1991: *Ottonische Buchmalerei: Liturgische Kunst im Reich der Kaiser, Bischöfe und Äbte*, Stuttgart/Zürich.

Neumüller, W. 1997(1972): *Speculum humanae salvationis: Codex Cremifanensis 243 des Benediktinerstiftes Kremsmünster*, Graz.

Salonius, P. 2020: The Tree of Life in Medieval Iconography, in : Estes, D.(ed.), *The Tree of Life*, 280-343.

Salonius, P. and Worm, A.(eds.) 2014: *The Tree: Symbol, Allegory, and Mnemonic Device in Medieval Art and Thought*, Turnhout.

Suckale-Redlefsen, G. 2004: *Katalog der illuminierten Handschriften der Staatsbibliothek Bamberg. Bd. 1: Die Handschriften des 8. bis 11. Jahrhunderts*.

Wittekind, S. 2014, Visualizing Salvation: The Role of Arboreal Imagery in Manuscripts of the "Speculum Humanae Salvationis", in: Salonius, P. and Worm, A.(eds.), *The Tree: Symbol, Allegory, and Mnemonic Device in Medieval Art and Thought*, 117-142.

Wood, J. M. 1996: *Women, Art, and Spirituality: The Poor Clares of Early Modern Italy*, Cambridge.

■ 著者紹介

細田　あや子（ほそだ　あやこ）

1999年　東京大学大学院人文社会系研究科博士課程単位取得退学。
2000年　ハイデルベルク大学大学院修了（Dr. phil.）。
2000年より　新潟大学人文学部助手、准教授を経て、現在新潟大学人文社会科学系教授。

〈主要著書・論文〉
Darstellungen der Parabel vom barmherzigen Samariter, Michael Imhof Verlag, Petersberg 2002.「ヒルデガルト・フォン・ビンゲンにおけるヴィルトゥテス」『異界の交錯』下巻、リトン、2006年。『「よきサマリア人」の譬え―図像解釈からみるイエスの言葉』三元社、2010年。「光り輝く者との交感―ヒルデガルト・フォン・ビンゲンのヴィジョン」『共感と感応―人間学の新たな地平』東北大学出版会、2011年。「宗教における表象と造形」『宗教研究』369、2011年。「祈りの言葉とイメージの力」『感情と表象の生まれるところ』ナカニシヤ出版、2013年。「生動するイメージ、刻印されるイメージ」『世界の宗教といかに向き合うか』聖公会出版、2014年。「古代メソポタミアの神像の口洗い儀礼」『人文科学研究』138、2016年。「太陽神タブレットのテクストとイメージ」『人文科学研究』139、2016年。『生と死と祈りの美術―日本と西洋の信仰のかたち』三弥井書店、2017年。『媒介物の宗教史』上下巻、共編著、リトン、2019–20年。『越境する宗教史』上下巻、共編著、リトン、2020年。『メソポタミアのアーシプによる儀礼の研究』東洋英和女学院大学大学院、2021年。「メソポタミアのナンブルビ儀礼における悪や不浄の祓い」『人文科学研究』150、2022年ほか。

ブックレット新潟大学80
虹への祈り—聖書にみるいのちのつながり—

2023（令和5）年3月31日　初版第1刷発行

編　者——新潟大学大学院現代社会文化研究科
　　　　　ブックレット新潟大学編集委員会
　　　　　jimugen@cc.niigata-u.ac.jp

著　者——細田あや子

発行者——中川　史隆

発行所——新潟日報メディアネット
　【出版部】〒950-1125　新潟市西区流通3-1-1
　TEL 025-383-8020　　FAX 025-383-8028
　https://www.niigata-mn.co.jp

印刷・製本——株式会社ウィザップ

「ブックレット新潟大学」刊行にあたって

　新潟大学大学院現代社会文化研究科は、さまざまな問題を現代という文脈の中で捉えなおすことを意味する「現代性」と、人間と人間、人間と自然が「共」に「生」きることを意味する「共生」、この二つを理念として掲げています。日本海側中央の政令指定都市新潟市に立地する本研究科は、東アジア、それを取り巻く環東アジア地域、さらには国際社会における「共生」に資する人材を育成するという重要な使命を担っています。

　現代社会文化研究科は、人文科学、社会科学、教育科学の幅広い専門分野の教員を擁する文系の総合型大学院です。その特徴を活かし、自分の専門領域の研究を第一義としながらも、既存の学問領域の枠にとらわれることなく学際的な見地からも研究に取り組み、学問的成果を上げてきました。

　現代社会・世界・地球環境はさまざまな課題をかかえています。環境破壊・地球温暖化現象、国家間の対立・紛争・テロ等、地球規模での解決困難な課題、少子高齢化、学校・教育問題、経済格差、AI等々の、社会生活・日常生活に関わる諸課題が山積しています。さらに、2020年に入り、新型コロナウイルス感染拡大が、国際社会、社会生活・日常生活のあらゆる領域に多大な影響を及ぼしています。本研究科の学問的営みは、これら「現代性」に関わる諸問題に向き合い、課題を発見・解決すると同時に、多様性を尊重し共に助け合いながら生きてゆく「共生」の精神に基づき、一人一人の可能性を引き出しつつ、真に豊かな人間社会を形成する可能性を追求してゆきます。

　「ブックレット新潟大学」は、現代社会文化研究科の研究成果の一端を社会に還元するため、2002年に刊行されました。高校生から社会人まで幅広く読んでいただけるよう、分かりやすく書かれています。このブックレットの刊行が、「現代性」と「共生」という研究科の理念を世界の人々と共有するための一助となることを心より願っています。

2020年11月

新潟大学大学院現代社会文化研究科
研究科長　堀　竜　一